科学之光
LIGHT OF SCIENCE

世界因他们而改变

莉泽·迈特纳评传

[奥] 洛尔·塞克斯尔 [德] 安妮·哈迪 ◎著
廖峻 贾微 ◎译

中国科学技术出版社
·北 京·

图书在版编目（CIP）数据

莉泽·迈特纳评传 /（奥）洛尔·塞克斯尔,（德）安妮·哈迪著；廖峻，贾微译. —北京：中国科学技术出版社，2024.1

（世界因他们而改变）

书名原文：Lise Meitner

ISBN 978-7-5236-0378-9

Ⅰ.①莉… Ⅱ.①洛… ②安… ③廖… ④贾… Ⅲ.①迈特纳（Meitner, Lise 1878–1968）– 评传 Ⅳ.① K835.166.13

中国国家版本馆 CIP 数据核字（2023）第 226431 号

Original Title: Lise Meitner
Copyright © 2002 by Rowohlt Taschenbuch Verlag GmbH, Reinbek bei Hamburg
Simplified Chinese language edition arranged through Beijing Star Media Co. Ltd., China.

北京市版权局著作权合同登记　图字：01-2023-5737

总 策 划	秦德继
策划编辑	周少敏　郭秋霞　李惠兴
责任编辑	郭秋霞　李惠兴
装帧设计	中文天地
责任校对	张晓莉
责任印制	马宇晨

出　　版	中国科学技术出版社
发　　行	中国科学技术出版社有限公司发行部
地　　址	北京市海淀区中关村南大街16号
邮　　编	100081
发行电话	010-62173865
传　　真	010-62173081
网　　址	http://www.cspbooks.com.cn

开　　本	787mm×1092mm　1/32
字　　数	104千字
印　　张	7.75
版　　次	2024年1月第1版
印　　次	2024年1月第1次印刷
印　　刷	北京长宁印刷有限公司
书　　号	ISBN 978-7-5236-0378-9 / K·373
定　　价	58.00元

（凡购买本社图书，如有缺页、倒页、脱页者，本社发行部负责调换）

目 录

第1章	维也纳的童年和青年时代 / 001
第2章	大学时光 / 025
第3章	第一份科学工作 / 038
第4章	在柏林与哈恩开展科研合作 / 048
第5章	加入前线医护队 / 068
第6章	科学上大获成功 / 076
第7章	流亡生活 / 104
第8章	在美国担任客座教授 / 156
第9章	迟到的认可 / 163

注释 /185

迈特纳年表 /202

人物述评 /208

参考文献 /213

人名索引 /225

致谢 /234

关于两位作者 /235

图片来源 /237

译后记：谁说站在光里的才算英雄？ /239

第 1 章

维也纳的童年和青年时代

> 一想到这个家庭赋予我的良善美好，我就充满感激。可以说，直到今天它仍然是我直面一切的基础。[1]

莉泽·迈特纳（Lise Meitner），小名爱丽斯（Elise）于 1878 年 11 月 17 日出生于弗朗茨·约瑟夫皇帝统治中期的维也纳。在宫廷及法庭律师菲利普·迈特纳（Philipp Meitner）和妻子赫德维希·迈特纳所生的 8 个孩子中，她排行老三。大约 10 年后，由于一名公务员的疏忽——他漏写了她出生日期中的数字 1，于是她的官方登记生日变成了 1878

年11月7日。巧合的是，镭的发现者玛丽·居里就出生于11年前的这一天。

莉泽·迈特纳的家庭可谓是一个自由的知识分子家庭，她从小沐浴在音乐和文化的氛围中。在她的一生中，她与家庭的关系是真挚而紧密的。即使到了晚年，从父母那里体验到的那种非同寻常的幸福感也总让她回味无穷。出生在这样一个尊重知识

赫德维希·迈特纳（Hedwig Meitner）和她的孩子们（拍摄于1890年）。从右到左依次是马克斯（Max）、卡萝拉（Carola）、妈妈赫德维希·迈特纳、奥古斯特（Auguste）、弗里达、莉泽（Lise）、吉塞拉（Gisela）、莫里茨（出生于1880年）。最年幼的儿子瓦尔特出生于1891年

的氛围中，她和兄弟姐妹们都心存感激。[2]

莉泽·迈特纳的父亲菲利普·迈特纳（Philipp Meither）博士的祖先来自摩拉维亚的迈伊太因村。[3] 18世纪，在约瑟夫二世的统治下，奥匈帝国的所有公民都只能使用姓氏。莉泽·迈特纳的高祖父母自称"迈伊台纳"（Meietheiner），后来逐渐发展为"迈台纳"（Meitheiner），随后变成"迈忒纳"（Meithner），最后变成"迈特纳"（Meitner）。莉泽的爷爷莫里茨·迈特纳（Moriz Meitner）（1803/1804—1872/1873）在1835年前后与夏洛特·罗维［Charlotte Löwy，娘家姓"科恩"（Kohn），1811—1896］结婚。这位年轻的寡妇带着两个年幼的儿子，在乌考维茨（Woechowitz）镇上拥有一个小农场。乌考维茨是赫拉尼采附近的一个小镇，大约在1840年前后，莉泽的父亲菲利普·迈特纳就出生于此。迟至1915年，她忽略自己的出生地是维也纳的事实，选择摩拉维亚的乌考维茨作为"籍贯"。[4]

在莉泽的姐姐吉塞拉·莱昂（Gisela Lion）的眼中，祖母夏洛特（Charlotte）是一个自律、自信、开朗和优雅的女人，而祖父莫里茨则是一个高尚、慷慨的人。每个星期五，村里穷苦的犹太人门口都会出现一块面包。莫里茨通常在天黑后才去做这样的善举，以避免被别人看到。[5]

莉泽的外公外婆来自斯洛伐克。外公伯恩哈德·斯考夫朗（Bernhard Skovran，1821—1872）从俄罗斯移民到斯洛伐克，并在1843年娶了当地人朱莉·雷尼茨（Julie Reinitz，约为1825—1909年）。他们最小的孩子就是赫德维希（Hedwig，1850—1924），也就是莉泽的母亲。她是一个特别聪明伶俐的孩子，在五岁的时候就从家庭教师那里学会了阅读和写作。她的童年和青年时代是在维也纳度过的，在这里，她富裕的父亲拥有两处房产。伯恩哈德·斯考夫朗是陆军的步枪供应商，并销售用于酿造托卡伊酒的葡萄。[6] 赫德维希是父亲最喜爱的孩子，小小年纪就做起了记账工作。然而，她却饱受父母婚姻不和之苦。莉泽的母亲在晚年并不愿意回忆自己的青年时代，也不太跟孩子们提起这段时光。她的女儿吉塞拉后来讲过，对母亲来说"好日子只有在爸爸身边才会到来"[7]。她眼中的母亲是一个高尚、快乐、热爱旅游的人："上午她会带着彩色网格的白色蕾丝小帽，穿着漂亮的浅色裙子，腰带上挂着一串钥匙……父亲把母亲抱在怀里，在公寓里嬉笑玩闹，我们这些小孩子们则在她的身边跳来跳去，叽叽喳喳闹个不停……尽管要承担的事情很多，但母亲仍是一个幸福的女人。"[8]

母亲：赫德维希·迈特纳（1850—1927）。拍摄于1875年前后

关于莉泽的父亲菲利普·迈特纳的青年时代，人们知道得就更少了。从孩童时代，他就梦想着人类能够飞行。"我坚信，人们总有一天会飞起来"。他反复告诉他的孩子。1908年，他在维也纳第一次观看了飞行表演，激动得热泪盈眶[9]。

第一批获准在维也纳大学学习并取得博士学位的犹太裔学生中，莉泽的父亲赫然在列。1862年

莉泽的父亲菲利普·迈特纳（约 1840—1910 年）和小奥托·罗伯特·弗里施（莉泽的外甥）。拍摄于 1906 年前后

12月，来自乌考维茨的菲利普·迈特纳获准在维也纳大学的"法律政治学院"学习[10]。他是一位自由思想家，对当时所有的宗教、哲学和政治流派都很宽容[11]。同时，他也是一位出色的、充满激情的国

际象棋手，他的对手中不乏皇室成员。

1875年，菲利普·迈特纳博士和赫德维希·斯考夫朗结婚了。同年，菲利普·迈特纳在普拉特附近的约瑟夫皇帝街27号（Kaiser-Franz-Joseph-Straße 27，今天的海涅街27号）开了一家律师事务所。许多已高度融合的犹太中产阶级家庭居住在利奥波德城（Leopoldstadt）。迈特纳家的住宅和律师事务所相连。在两年多的时间里，他们的女儿吉塞拉（1876年）、奥古斯特（1877年）、莉泽（Lise，1878年）相继出生于此。吉塞拉又叫伊拉（Illa），奥古斯特又叫古斯特（Gustl），她们的名字来自她们的曾祖母盖勒·迈特纳（Gelle Meitner）和吉特尔·科恩（Gitl Kohn）。莉泽出生两年后，菲利普·迈特纳的第一个儿子莫里茨（又叫弗里茨）出生了。在接下来的十年，两个女儿卡萝拉（又叫萝拉）和弗里达以及两个儿子马克斯和瓦尔特也相继出生。

后来，吉塞拉·莱昂-迈特纳回忆起那段共同度过的童年时光，只是她记错了公寓的地址。她说道："当时我们住在普拉特大街的劳埃德霍夫

（Lloydhof）……在我们小孩子的房间里，有两张棕色的儿童床，上面有绿色的网。其中一张床有一个类似'抽屉'的结构，晚上可以拉出来。莉泽就睡在这个抽屉里……孩子们的房间面向院子，从来没有晒过太阳，但是透过律师事务所房间的窗户可以看到现在水果市场所在的广场，落日的余晖也会洒进来。我们会在律师事务所下班后进入这些房间，看到太阳从吊灯的玻璃棱镜中幻化出明亮的色彩；对于我们来说，看到这些色彩斑点在墙上移动是非常神奇的。"[12]

和她的兄弟姐妹一样，莉泽·迈特纳的名字也出现在犹太宗教团体的出生登记册上。[13]尽管如此，迈特纳夫妇并没有用犹太信仰来教育孩子，而是像许多中上阶层高度融合的犹太人一样，用新教信仰来培养孩子。莉泽·迈特纳和她的兄弟姐妹们参加了新教的宗教课堂。1908年9月29日，30岁的莉泽·迈特纳离开了犹太宗教团体[14]，并在同一天接受了新教的洗礼。[15]同年，她的姐妹吉塞拉和卡劳拉皈依了天主教。[16]

维也纳的普拉特斯坦（Praterstern），街上可见马车轨道，莉泽·迈特纳在此街区长大。拍摄于1890年前后

菲利普·迈特纳对4个大一点的孩子可谓是劳心劳力。吉塞拉·莱昂·迈特纳后来回忆起这段时光说道："遗憾的是，我和莉泽插手了更小的孩子们的教育。[17]虽然是出于好意，但父母和孩子们的联系似乎减少了。"父亲亲自教授孩子们英语、法语和拉丁语，并监督他们弹钢琴，特别是3个女儿的演奏。一个钢琴老师一周来家里两次。古斯特是最有天赋的，也是第一个经特别许可进入维也纳音乐学院"作曲学校"的女孩。[18]但吉塞拉和莉泽也成

了优秀的钢琴家。菲利普·迈特纳坚持认为，他的儿女都应该接受职业培训。吉塞拉成了医生，奥古斯特成为钢琴家和作曲家，弗里达成为数学老师。关于卡劳拉·迈特纳，人们只知道她是一位"艺术家"。

在孩子们的健康问题上，菲利普·迈特纳的想法也是超前的。他使用了当时还很少使用的奎宁来治疗孩子的发烧。按照父亲的期望，迈特纳家的女儿们也是维也纳第一批可以"不系带"，即可以不穿紧身胸衣的女孩。在这个时候，资产阶级的女孩们从13岁起仍有穿系带紧身胸衣的习惯。[19]

菲利普·迈特纳让他的孩子们从小就接触政治事件。莉泽·迈特纳一生对政治都颇有兴趣。"我的这种下意识的体验都要归功于我那对政治非常感兴趣的父亲……他甚至在我还是个小女孩的时候就试图让我明白政治问题的重要性。"[20] 成年以后，她一再对自己接受的"历史教育"非常有限而感到遗憾。"对我们来说，19世纪基本上就是随着维也纳会议而结束的。而那之后的历史则是可悲的。[21]"

莉泽·迈特纳在家庭和兄弟姐妹中扮演着特殊的角色。她是身材最小的，也是最柔弱的一个孩子。她的外号是"Wutzerl"，在维也纳当地语言中是"小东西"的意思。[22] 莉泽觉得自己不如其他姐妹们，一方面自己身材矮小，一方面在应答方面反应迟钝，缺乏幽默感。[23] 从另一个角度来说，她是最富有学识和读书最多的人，也许还是兄弟姐妹中最难打交道的人。吉塞拉·莱昂－迈特纳后来回忆说："从一个特殊的层面来看，莉泽是给母亲带来最多麻烦的孩子，她也是我们中唯一能让母亲发脾气并打她的人"[24]。77岁的时候，莉泽·迈特纳这样记录自己小学时代的生活："我很清楚地记得我与墨渍所做的徒劳斗争，这对我的父母来说确实是一种痛苦，他们几乎确信我是一个指望不上的孩子。关于从前的老师……我还记得谢尔夫人。我有一种模糊的感觉，自己似乎不太喜欢她。"[25]

还是小女孩的时候，莉泽·迈特纳就很挑剔，对自己和环境都提出了很高的要求。她从童年起就对数学和科学问题很感兴趣[26]，比如，她会思考水

莉泽·迈特纳（站在第二排最左）和同学们的小学毕业照。拍摄于1888年

面上的油膜的颜色是如何形成的。[27]她在长大后给一个同学写信，信里提道："我从小就对数学和物理学有特别的偏好。"[28]她的妹妹弗里达在一次电台采访中说，8岁的莉泽喜欢把数学书枕在枕头下面睡觉。[29]对于实际日常工作，莉泽却是缺乏天赋的，而且她尽量避免做家务活。她的姐妹们经常评论她说："物理书上没有教的东西，莉泽肯定是不会做的。"[30]

在1889年或1890年，维也纳市民中学（Bürgerschule）第一学年的年度成绩单上显示出了这个 11 岁女孩的兴趣和天赋。[31] 莉泽在全部八门学科中都获得了"优"的评价，如商业写作有关的课堂语言、地理、历史、自然科学、算术、几何和法语。但她在女红、书法、素描这三门只得到了"及格"的评价，这是积极评价中最次的等级。莉泽·迈特纳的道德品行仅仅是"相符"，并不是"完全相符"，这离人们对资产阶级家庭女孩的期望还有一定距离。显然，她在这段时间并不像后来所描述的那样羞涩。关于勤奋的评分，她也只得到了"及格"的评价。莉泽·迈特纳只会对她真正感兴趣的东西付出足够的坚持和勤奋。

下面是一首莉泽写给父母的生日诗歌。当时大约 13 岁的她在其中反映了自己的生活，体现了迈特纳父母的教育方式，也体现了莉泽自己的态度。

坚持不懈，乐于工作，
决心将我所从事的事业进行到底。
多做少说，

1890年，莉泽·迈特纳在策尔宁广场女子市民中学获得的学年成绩单（复印件）

这是我从妈妈那里得到的赠礼。

爸爸教我一言，

要把妈妈的珍宝捧起。

在合适的时间和地点，

去追求合适的东西。

这让我看到，空洞和腐朽

就是偏见为我们打造的牢笼，

爸爸给了我思想的自由

以及对科学的渴望，

并把我奉献其中。[32]

菲利普·迈特纳给孩子们展示了城市文化生活的丰富，并带他们在维也纳的周边地区漫步。她说："父亲带我们散步，并给我们展示了阿尔布雷希特大公宫和多瑙河之泉，古老的大学广场和奥芬洛赫街。他带我们观赏歌剧，参观博物馆，去维也纳大剧院，去看赛马。我们知道最好的马和职业赛马师的名字，以及代表赛马饲养场场主的颜色。"[33]

在与小女孩们散步时，他们一起在维也纳的

13 岁的莉泽·迈特纳

拉德茨基广场（Radetzkyplatz）上观看新兵演习；他们也曾看到伊丽莎白皇后乘坐马车从布拉特大桥（Praterbrücke）上穿行而过。从公寓的窗户向外看，可以看到 1881 年烧毁的环形剧场。他们与住在弗朗茨·约瑟夫皇帝大街上同一栋楼里的诗人霍夫曼斯塔尔的亲戚家的孩子们会定期交换贝壳和珍珠母扣，这些小东西被装在一个挂着绳的小袋子里，被孩子们从一个窗口运到另一个窗口[34]。二十多年后，莉泽·迈特纳在威廉皇帝物理研究所将此灵感运用于研究工作：根据她的指示，放射性制剂挂在了窗户前面的小袋子里，认为这样可以防止实验室被污染。

在世纪之交的几年里，莉泽·迈特纳的父母家以及从那里所产生的启迪构成了她和维也纳紧密关系的基石。1950 年，莉泽在移民多年后首次返回维也纳时写道："我穿过维也纳，就像穿越梦境一样。

我的青少年时代那么五彩斑斓，我后来所经历的那些艰难岁月都不足挂齿了。我在维也纳度过的那段幸福时光在我的一生中都弥足珍贵。"[35]

莉泽·迈特纳一辈子都保留着奥地利人的身份。即使是她在柏林生活了15年之久，她还是于1922年5月向维也纳市政府支付了6万克朗的"出生税"，以继续保留自己的奥地利公民身份。[36]1950年，当她确信自己可以一直保有奥地利国籍时，才接受了瑞典国籍。[37]

"我失去了宝贵的年华"[38]

1892年7月15日，莉泽·迈特纳从市民中学毕业。她的学年成绩单上附有"毕业成绩"，[39]这意味着未满14岁的青少年的学校教育就此结束了。但是莉泽无论如何想继续学习下去。

"我从13岁起就梦想着能参加高等学校入学考试，好有机会去学习数学和物理。我的父母对此却并不赞同，也许当年他们以为我只是随口说说"。[40]

她的妹夫利奥·弗里肖尔（Leo Frischauer）既

是哲学家也是医生，他讲述了莉泽是如何度过这段时光的："莉泽的父亲并不希望她继续读书，他认为她过于脆弱。成为钢琴家是他给莉泽规划好的人生。因此，他严格掌控莉泽的睡眠时间，绝不允许睡觉后房间的灯还亮着。但是他低估了莉泽对学习的渴望和创造力。她一连几个月带着书藏在毯子下面，一根连着长长电线的灯泡照亮了她闭塞的学习空间。而外界对此一无所知。"[41]

功夫不负有心人，她那执拗的继续学习的渴望最终打动了父亲。为了实现继续上学的目标，莉泽和她的姐姐吉塞拉必须参加外部人员入学考试。这意味着，父母必须资助她们去上昂贵的私人补习课。

在当时的奥地利，义务教育年限为八年。城市中的孩子小学上学五年，在市民中学上学三年。男孩可以选择不上市民中学而去上八年制中学，而女孩只能选择私立中学，她们没有公立中学的入学资格，这也意味着大学并不认可她们通过的考试。

作为知名的女科学家,莉泽在她72岁时回忆说:"如果你回忆一下50多年前,也就是我的青年时代,可以惊讶地发现,那时候城市资产阶级的年轻女孩们面临着多少问题。如今,那些问题早已不复存在,人们根本也无法想象女孩们的困境。这些问题中最严重的就是,接受正常的教育是一种奢望。"[42]

莉泽·迈特纳是如何与这些问题作抗争,从她日后对一封信件的回忆中可见一斑。当时18岁的莉泽写信给一位同龄的女孩子,她回忆说:"我是偶然在一场大型聚会活动上认识了这个女孩,并希望亲近她……她的精神世界十分匮乏,她那相当保守的父母(我现在认为,她的父母并非真的有修养)坚持认为,一个有教养的女孩应该在家里好好待着并学会做饭……于是,我坐下来,给她写了一封关于黑贝尔的戏剧作品《玛丽亚·玛格达莱娜》的信。这本书我不久前才读过,对它印象很深刻……女主人公的父亲是一位木匠,直到今天我都对他说过的一句有警示意义的话记忆犹新:'我可以用铁器把板子刨平,但是绝不能用我的思想把人刨平。'"[43]

大她两岁的姐姐吉塞拉充满活力，在教育上也享有优先权。1899年，吉塞拉参加了外部人员入学考试并顺利被录取。1900年，姐姐开始了医学课程的学习。比莉泽大一岁的姐姐奥古斯特则接受了培养作曲家和钢琴家的教育。在父母的要求下，莉泽在上大学前在一所高等女子学校接受了法语教师培训课程。为了资助两位姐姐的学业，她也做私人家教的工作。[44]

14岁至20岁之间，莉泽主要阅读德法文学作品，这些书是她在父母浩瀚的馆藏中找到的。"我最早的青少年回忆之一是一本完整的卢梭著作的法语版本，封面是浅绿色，我父亲经常阅读它。后来，当我为了学习物理参加法国国家考试的时候，我也读了卢梭的其他一些作品"。[45]

在空闲时光，莉泽在不同的社会援助组织里工作，并在父母不知情的情况下独立准备高等学校入学考试。她的一位女性朋友替她承担了接送小莉泽13岁的弟弟瓦尔特的工作，以使她能够安心地学习。[46]

在这一时期，自然科学的世界观发生了深刻的变化。1895年，莉泽·迈特纳正值18岁，X射线的发现给医学的发展带来革命性的变化。一年后，亨利·贝克勒（Henri Becquerel）在巴黎发现了一种从铀矿石中发出的穿透性射线。1898年，玛丽·居里（Marie Curie）和皮埃尔·居里（Pierre Curie）发现了放射性元素钋和镭。铀、钍、镭、钋等重元素能够自发辐射，玛丽·居里称这种特性为"放射性"。科学家们对这种特性感到着迷：原子恒定不变的旧观念从此破除了。1903年，欧内斯特·卢瑟福（Ernest Rutherford）和弗雷德里克·索迪（Frederick Soddy）发现，原子并不稳定，可以通过放射性转化为其他原子。同时，寻找新的放射性元素的工作开始了，还有许多问题亟待解决。莉泽·迈特纳也将在其科学工作中致力于阐明原子的内部结构。

她意识到，自己宝贵的年华已逝[47]。但莉泽知道，其他的女孩为了上大学，不得不克服更大的困难。"此外，当时许多父母对女孩子接受高等教育持有偏见，结果就是，他们的女儿要么放弃接受高等教育，要么为自己能够接受教育而奋起反抗……我自己倒是不需要做这样的抗争。但是我有一种感觉。起初，我的母亲对我和姐姐参加高等学校入学考试一事不很高兴，只不过她是一位非常慈爱的母亲，所以什么都不说"。[48]

20岁的时候，莉泽终于可以上由父母资助的私人课程，这也是她渴望已久的。通过私人课程的帮助她可以更好地为高等学校外部人员入学考试做准备。维也纳大学物理研究所的一位年轻讲师阿图尔·萨瓦西（Arthur Szarvassi）[49]给莉泽和她的3个姐妹辅导数学、物理和化学。[50]之后，萨瓦西在布尔诺技术大学担任实验物理学教授，也是第一位对莉泽产生深远影响的教师。除了理论课程外，萨瓦西还在物理研究所给学生们演示各种实验，特别是关于光学和电学的实验。这是莉泽·迈特纳与大学世界的第一次接触。她对自然科学的热爱也因为萨瓦西老师的指导而越发浓烈。"萨瓦西博士有一种特别的能力，用一种不同寻常的激励方式来传达数学和物理学知识。有时候他甚至会给我们展示维也纳大学的仪器,这在私人课堂上是极其罕见的。通常人们在私人课堂上只能看图纸和曲线图。我必须承认,图纸或曲线图并不能使我对仪器的外表有正确的认识。如今,我每每想起第一次看到那些器械的震惊时还觉得很好笑。"[51]

阿图尔·萨瓦西。拍摄于1908年前后

两年以后,莉泽·迈特纳掌握了四年文理中学需要学习的材料,并准备好在预科中学(Akademisches Gymnasium)参加培训海外教师的入学考试[52]。1901年4月,她必须参加动物学、植物学、矿物学、心理学、逻辑学和宗教学的入学初试。[53]两个月后,14个女孩中只有4人通过了这场"并不算容易"的考试[54],莉泽·迈特纳就是其中之一。4位通过入学测试的女孩基本都得到了"基本合格"或是"及格"的分数评价。平均来说,她们的成绩比同年参加考试的男孩要差很多。很明显，教授们在评分的时候对女考生更为严格。[55]

莉泽·迈特纳实现了读大学的目标。但是在科目选择上，她在自然科学和医学上摇摆不定。她说："当我23岁才开始大学学业的时候，我曾想过选择医学作为主修科目。在我心里，我觉得医学生通常有更多的社会机会。数学和物理我本打算作为辅修科目学习。我父亲阻止了我踏上这条错误的道路，他使我明白，医学这条道路似乎只能由赫尔曼·亥姆霍兹（Hermann Helmholtz）这种天才人物去开创。"[56] 莉泽认识到，她选择学习自然科学是正确的。"否则，我会在自我怀疑中沦为一名庸医"。[57]

> 莉泽·迈特纳的外甥——物理学家奥托·罗伯特·弗里施，在一篇为他姨妈写的悼词中写道："莉泽·迈特纳作为一名物理学家成就斐然，是出于一种对理解自然运行方式的炽热渴望，这是她童年时的愿望。"

第 2 章
大学时光

他的善良、理想信念和对自然法则的崇敬……在我的记忆中,他的大课是我听过最吸引人,最令人振奋的……他对所教授的知识总是充满热情,听他的课的人会觉得,每次课都仿佛开启了一个令人心醉沉迷的全新世界。

在奥地利允许女性上大学一年后,莉泽·迈特纳于 1901 年 9 月进入维也纳大学学习。迈特纳一家在 1898 年搬到了埃斯林巷 15 号(Eßlinggasse 15),这是大学附近的一个著名街区,拥有 1870 年之后的时代特色。1901/1902 年冬季学期,莉泽·迈特纳选修了物理、数学和当时要求必修的哲学[58]。女性学习自然科学在当时实属罕见,因此女性研究者被视为边缘人物[59]。莉泽的大学生涯始于23岁。学期刚开始,她听了很多大课。[60]"[埃克斯纳(Exner)关于实验物理学的大课]通常在中午到下午1点之间举行,几乎不做任何实验。有时候我真的担心,我会从椅子上滑下去。我们的数学课冬天是早上8点到9点,夏天则是从早上7点到8点,所以到了中午,我们都筋疲力尽了。"她说道。[61]

莉泽·迈特纳在安东·兰帕(Anton Lampa)那里进行了第一次实验实习,即"初学者实习"。她后来回忆说:"我……记得很清楚,当我们的实验需要用冰的时候,他让我们去老农场取雪。"[62]兰帕认识到了迈特纳的天赋。1914年,兰帕成为布拉格大学物理研究所的所长,他为莉泽提供了一个讲师席位,并有望获得教授席位。[63]

莉泽也参加了汉斯·本多夫(Hans Benndorf)的电学和磁学的实践课程。起初她害怕遭到他的讽刺,后来却对他十分钦佩。[64]汉斯·本多夫的孙子约翰尼斯·本多夫（Johannes Benndorf）讲述了一则从他祖父那里流传下来的轶事："在进行磁场实验时，莉泽·迈特纳多次获得了不正确的测量结果。有一天，汉斯·本多夫问莉泽是否在胸衣里缝上了金属条，莉泽红着脸承认了。第二天的实验结果就完美无缺了。"[65]

20世纪初，物理研究所设在一栋从前的旧居民楼里，位于维也纳阿尔瑟格伦德（Alsergrund）的土耳其街3号。一位60年代的传记女作家写道："以

位于土耳其人大街（Türkenstraße）的维也纳大学物理学研究所。拍摄于1900年前后

今天的标准来看，在这栋建筑中行走犹如拿生命去冒险。"[66]莉泽晚年回忆道："入口处就像鸡舍。我经常想到，如果这里着火了，我们几乎逃不出去。"[67]研究所已经破旧不堪，对于做实验来说绝非一个合适的地方。在演讲厅里，天花板的横梁已经腐烂。然而，这种破败的外观不仅与伟大的科学传统相悖，也与生机勃勃的物理学现状格格不入。伟大的物理学家约瑟夫·斯特凡（Josef Stefan）和约瑟夫·洛施密特（Josef Loschmidt）曾在这里工作。1902年10月路德维希·玻尔兹曼（Ludwig Bolzmann）也从莱比锡回到了这座摇摇欲坠的建筑里。[68]

从1902年到1906年的4年时间里，莉泽·迈特纳都在听路德维希·玻尔兹曼的周期大课。她折服于他的个性："他的善良、理想信念和对自然法则的崇敬……在我的记忆中，他的大课是我听过最吸引人，最令人振奋的……他对所教授的知识总是充满热情，听他的课的人会觉得，每次课都仿佛开启了一个令人心醉沉迷的全新世界。"[69]莉泽·迈特纳一生都坚信，研究自然科学可以在伦理和道德上教化人们。

> 路德维希·玻尔兹曼，1844年生于维也纳，先在格拉茨，后在维也纳担任物理学教授；在慕尼黑和莱比锡担任客座教授。由于他的理论建立在原子存在的基础上，他有时候会在同事中遭受冷遇。1872年，他对麦克斯韦最初备受争议的电磁振荡理论进行了实验证明。后来他的成就包括将气体的压力、体积和温度等数量归结为相关原子之间的碰撞。由于个别气体原子的行为无法预测，玻尔兹曼使用了统计学方法。他的重要文章标志着从古典热力学到现代热力学的过渡。1906年，玻尔兹曼在的里雅斯特（Trieste）附近自杀。

可以说，这一思想就是来源于玻尔兹曼的课程。

比起同时代的科学家，如恩斯特·马赫（Ernst Mach），玻尔兹曼算是坚决捍卫原子理论的学者。他最重要的成就就是在统计学的帮助下对热力学过程进行机械解释。这些思考对于20世纪的物理学来说尤为重要，特别是量子理论。

在第四学期，莉泽·迈特纳参加了玻尔兹曼主持的分析力学研讨会，研讨会通常会持续4小时。"她很享受这种进步"——这是玻尔兹曼对她的特别表扬。莉泽在这门课上拿到了"优"的优异成绩。[70]玻尔兹曼给她上了8个学期的课程，内容包括力学、流体力学和弹性理论、电学、磁性以及动力学气体的理论。[71]可以说，莉泽接受了最杰出的理论教育。但是，她对马克斯·普朗克（Max Planck）在1900年提出的量子理论还一无所知。令人惊讶的是，玻尔兹曼在他的课程中也根本没有提及这一理论的发展，因为他在1877年已经为机械量提出了他自己的一种"量子理论"。[72]

莉泽·迈特纳和玻尔兹曼以及他的家庭来往甚密。她有时候会受邀参加玻尔兹曼家庭的音乐晚会，玻尔兹曼有时候也会和学生们一起演奏贝多芬的钢琴奏鸣曲和一些室内乐。然而，莉泽·迈特纳总是羞于参加这种活动。五十多年后，她回忆道："他和学生们的关系是非常人性化的。他不仅关注学生们的物理学研究能力，还尝试着去接触他们的性格特质。外在的形式对他来说毫无意义，他也毫不避讳使用充满感情色彩的话语。他不时邀请他的高级研讨会的学生去他家作客。显然，他是一位非常出色的钢琴演奏者，会非常热情地给学生们进行现场演奏，也热衷于讲述自己的各种经历。"[73]

路德维希·玻尔兹曼在讲"关于原子论在自然科学中的不可或缺性"的课。莉泽·迈特纳的同龄学友卡尔·普日布拉姆（Karl Przibram）绘画

音乐和文学

莉泽·迈特纳的年少时光正值世纪之交,在维也纳度过的青葱岁月为她日后的生活打下了深深的烙印。在哈布斯堡王朝这样一个多民族国家,维也纳是艺术和文化交织、传统和现代交相辉映的中心。在她的童年时代,莉泽·迈特纳就见证了新式大学、城堡剧院、艺术历史博物馆的开放,之后也看到了维也纳分离派和奥托·瓦格纳(Otto Wagner)创造的"具有几何外观的"新建筑风格。在莉泽·迈特纳的青年时代,维也纳就基本形成了今天我们所熟悉的面貌。

莉泽·迈特纳十分钦慕歌德(Goethe),因此曾无数次拜访新城堡剧院(Das neue Burgtheater)。在她的书信、演讲和日记中,也总是喜欢引用歌德的诗句。青年时代的莉泽·迈特纳也曾拜读施尼茨勒(Schnitzler)、巴尔(Bahr)和青年霍夫曼斯塔尔(Hofmannsthal)的作品,其中霍夫曼斯塔尔和莉泽十分熟识。多年来,她始终奉行一句话,即"每日两小时,美文抚我心。"[74]

利奥·弗里肖尔回忆迈特纳的求学时光时如此描述:"莉泽的勤奋是众所周知的。她自己对此的说法很有意思:'今天我很懒,曾两度在房间里无所事事地漫步。'正是由于这种勤奋,她的信息量远超她的学科领域。特别是在文学领域。她对自己的阅读有着严格的日常安排。"[75]她的父母虽然推崇简朴的生活,在买书上却毫不吝啬[76]。因此,父母的藏书就是她最丰富的精神食粮。从经典文学、历史长篇小说、传记,常常是一本接着一本读,从不间断,并且她的一生都保持着这种阅读文学作品的偏好。"人的心情会变化,那就可以打开一本契合当下心情的书"。[77]

莉泽·迈特纳还饶有兴趣地阅读法语、英语、拉丁语和希腊语书籍。她对希腊语产生了一种特别的喜好。"我从青少年时期就喜欢希腊语。当我经历了一些外部困难并最终开始学习希腊语时,我曾带着青年人的满腔热情,天真地认为,如果我掌握了希腊语,世界也将呈现完全不同的面貌。事实上,自然科学对我后来的智力发展产生了更大的影响,但我终身保持阅读文学作品的习惯。后来,当我已经被打上了'自然科学家'的标签之后，我还是继续阅读荷马和悲剧诗人的原作。"[78]在阅读索福克勒斯（Sophokles）的《安提戈涅》（*Antigone*）的时候，她"非常沉醉于其中戏剧和语言的美感。[79]"

赫尔曼·冯·亥姆霍兹的科普论文曾是莉泽·迈特纳青年时代阅读的第一批科学文献。[80]

莉泽·迈特纳对音乐的热情也植根于维也纳的青年时代。音乐伴随着她的一生，给了她快乐和安慰。除了她特别喜爱的维也纳古典音乐，她还试图接触当代音乐，如古斯塔夫·马勒（Gustav Mahler）和阿诺德·勋伯格（Arnold Schönberg）的作品。在她的极少数信件中流露出她对绘画和雕塑深感兴趣，大多数时候她总是一再写到自己作为表演者和作曲者的"音乐之旅"。

她和兄弟姐妹们一起聆听过多场音乐会，观看过音乐协会和歌剧院的表演，即使她通常得站着观看表演，也乐此不疲。"年轻时，我看过维也纳歌剧院举行的《瓦格纳之夜》演出，那天我站了5个小时，几乎根本看不到舞台，但我在回家的路上仍旧兴致勃勃。这段记忆似乎无法磨灭，[81] 每每想到这个夜晚我都心存感激。"晚年时，莉泽·迈特纳对理查德·瓦格纳（Richard Wagner）的音乐热情似乎完全熄灭了。"除了几个例外，他的音乐对今天的我来说毫无意义。"[82]

除了热衷于各种文化兴趣活动，莉泽也喜欢在大自然中放松。她对拥有一辆自行车而感到自豪，经常骑着这辆车在维也纳周边地区郊游。

莉泽·迈特纳与她的自行车。拍摄于 1900 年前后

从她年轻时的照片中可以瞥见，莉泽·迈特纳的形象是一个漂亮、优雅的女孩，目光清亮。她的侄子奥托·罗伯特·弗里施则把她描述为一个缩手缩脚，听凭两个姐姐指挥的人。她对衣服之类外在的东西似乎无暇顾及[83]。然而谁都没想到，三姐妹中最温柔的那个日后成长为了一位雅致的女性，她总是穿着考究，气质不凡。

我们对青年时代的莉泽·迈特纳的私人生活知之甚少。她认为，私事在一位科学家的生平中无足轻重[84]，所以她从所有通信中刨除了太过"私密"的信件。尽管如此，莉泽的信件还是保留了下来。从中可以看出，这位女子曾经也是某位男子的追求对象。至于莉泽为什么终生未婚，她在77岁时写给姐姐吉塞拉的一封信中解释了这个问题："就女孩子的结婚可能性而言，根据我的经验，漂不漂亮根本起不到决定性作用。更重要的是内心对结婚的意愿和不同人之间的自然的礼节态度。在我年轻的时候，萝拉（即她的妹妹卡萝拉）半开玩笑半认真地引用哈姆雷特的话说给我听，'做好准备就是一切，莉泽儿。'我们都笑了起来，尽管我们都知道她的话触及了一个严肃的问题。但我不能说我曾为自己未婚而感到遗憾。我非常清楚，我有一种很强的天赋秉性，会在婚姻中变得不快乐，那就是无法对婚姻做好准备。"[85] 莉泽·迈特纳是五姐妹中唯一没有结婚的人。

在父母家，莉泽喜欢研究家具和古老的瓷器。一个广博而多样的图书馆对她来说尤为重要。从童年起，她就有意识地享受着父母家的宽敞和舒适。在所有的兄弟姐妹中，她对父母家的感情最深。这就是为什么赫德维希·迈特纳在1924年的遗嘱中将她嫁妆中大部分家具都留给莉泽："我的莉泽将得到下述物品：我的餐厅家具，包括一个柜子、一个柱式抽屉柜、一个带挂毯的沙发……"[86]

孩童时代的记忆碎片伴随了莉泽的一生。这些家具曾出现在柏林威廉皇帝研究所主任别墅的房间里。她流亡到斯德哥尔摩之后也想尽一切办法，让人把这些家具从柏林转寄给她。

第 3 章
第一份科学工作

我的一生都徜徉在放射性研究那个令人心驰神往的世界里，度过了很多愉快的时光。因此，我至今仍对与我们共同决定在这一领域深耕而满怀感激。

"我相信，我们这一代人在年轻的时候从科学工作中得到了更多内在的快乐，在人生发展的过程中也得到了一些鼓励，这些都不是大规模生产所能提供的。[87]"这是莉泽·迈特纳在半个世纪后对自己大学时代所做的评价。

1905年，莉泽在8个学期的学习后开始在弗朗茨·塞拉芬·埃克斯纳（Franz Seraphin Exner）的指导下撰写论文。她的导师是汉斯·本多夫。[88]

在完成论文的过程中，她测量了物理学家詹姆斯·克拉克·麦克斯韦（James Clerk Maxwell）研究非均质介质物体中的电传导得出的公式。她证明麦克斯韦的公式也适用于热传导性。她的测量结果和相关理论完全相符。1906年，这一篇论文《非均质介质物体中的热传导》(*Wärmeleitung in inhomogenen Körpern*)发表在《维也纳科学院会议报告》中[89]。并非任何一篇论文都能被选入该学术期刊，但这项荣誉给予了莉泽·迈特纳。

1905年12月19日，她通过了埃克斯纳和玻尔兹曼主持的物理口试，并获得了优异的成绩[90]。1906年12月1日，莉泽·迈特纳和曾经一起在物理研究所共事的塞尔玛·弗洛伊德（Selma Freud）同时期取得了博士学位[91]。在迈特纳和弗洛依德之前，维也纳第一所女子商贸学校的创始人——奥尔加·施泰因德勒（Olga Steindler）是第一位在维也纳大学取得物理学博士学位的女性。

然而，仅仅有博士学位并不能保证有工作机会。为了能够在学校任教，莉泽·迈特纳为数学和物理学教师任职考试做准备。[92]"我很不确定自己是否有能力成为一名科学家，所以我也参加了教师考试，并在一所女子学校完成了一年的试用期，以保留当老师的这种可能性。同时，我也想继续推进我的科学研究并在玻尔兹曼教授的研究所工作"。[93]

虽然她并不想当老师，还是用上午的时间在一所女子中学完成了试用期。下午，她就在维也纳大学第二物理研究所从事科学活动。她的第二项科学工作是在物理学家保罗·埃伦费斯特（Paul Ehrenfest）的鼓励下开始的，保罗·埃伦费斯特从哥廷根来到维也纳，加入了路德维希·玻尔兹曼的研究工作。[94]她澄清了瑞利勋爵（Lord Rayleigh）提出的矛盾设想，该设想

棕榈屋中的莉泽·迈特纳。拍摄于1906年前后

主要是关于光在两种介质界面反射的现象。[95]迈特纳对她独立的科学工作感到满意:"瑞利勋爵所得出的结论可以从理论上加以阐释,并通过实验计算得出的结果进行验证。"[96]她在四十多年后写道。

> **放射性研究**
>
> 1902—1903年,欧内斯特·卢瑟福提出了放射性射线在磁场中分解为α射线、β射线和γ射线。
>
> 1903年,欧内斯特·卢瑟福和弗雷德里克·索迪(Frederick Soddy)提出了放射性衰变理论。
>
> 1905年,欧内斯特·卢瑟福发现了α射线在通过物质时发生的散射现象(金箔实验)。

在埃贡·冯·施魏德勒(Egon von Schweidler)的研讨会上,她了解了放射性的基本知识。在斯特凡·迈耶(Stefan Meyer)的鼓励下,她开始对当时正处于快速发展的放射性领域产生了浓厚兴趣。[97]

起初,迈特纳并不打算专门研究放射性问题。"一开始,我只想研究普通物理学"。[98]意外的是,她的一生都投入放射性研究领域。这也是她一生从未后悔过的决定。在晚年，她在给自己的老师斯特凡·迈耶的信中说道："您的工作方向显然决定了我的工作方向。我的一生都徜徉在放射性研究那个令人心驰神往的世界里，度过了很多愉快的时光。因此，我至今仍对与我们共同决定在这一领域深耕而满怀感激。"[99]

1906年，迈特纳在埃克斯纳的物理研究所开始转向放射性研究。在那里，她享受了极佳的工作条件。这家物理研究所拥有一个磁性极强的磁铁装置，其建造正是玻尔兹曼大力促成的。位于波西米亚圣约阿希姆斯塔尔（im böhmischen St.Joachimsthal）的铀工厂大量产铀，才使得当时的奥地利能够在全世界范围内垄断了放射性制剂的生产。1904年和1905年，受维也纳皇帝科学院的委托，相关人员从10吨的沥青残渣中提取了4克氯化镭。由此，奥地利物理学家拥有全世界最多的可溶性镭[100]，这也是放射性研究能够蓬勃发展的重要前提。欧内斯特·卢瑟福是放射性研究领域的先驱，自1908

年以来,来自维也纳的制剂也是他主要的研究材料。[101]此外,莉泽·迈特纳还结识了一位在科学和人文方面都很出色的老师,那就是比她大6岁的斯特凡·迈耶。她也是斯特凡·迈耶的第一位女弟子。

莉泽·迈特纳的大学同学卡尔·普兹布拉姆(Karl Przibram)在纪念迈特纳80岁生日的文章中描述了位于土耳其街的物理研究所的工作条件:"莉泽·迈特纳工作的房间就在我隔壁,窗户外面就是一条绿树成荫的街道。街道上常有一些猫在踱步,时不时还有一些工人在做活,有街头歌手在演唱。当然,这幅街头光景早就看不到了。今天,年轻一代的科学家很难想象,我们是在怎样原始的条件下工作。他们通常习惯于在宫殿般的研究所里工作,摆弄着一堆复杂的电子仪器。如果可能的话,甚至会被批准去国外使用一台现代化的巨型粒子加速器。当时,用赞伯尼柱充电的小叶电镜达到了全盛时期,但现在这些仪器几乎绝迹了,就像消失了的照明剪和靴拔一样。"[102]

莉泽·迈特纳的研究始于对放射性制剂强度的

测量。她用小叶电镜测量了被放射性辐射电离的空气的导电性。70岁的时候，在一封给斯特凡·迈耶的信中，她回忆起自己所做的第一份"放射性"工作："当我回想起自己在维也纳的大学时光，最生动的一幕莫过于，有一天您进入我的工作室并用测量α粒子的电镜向我展示您因放射性元素的射线而略微感染的双手。这对我来说就是最美妙的事。"[103]

在20世纪初，科学家们对放射性辐射的有害作用还未有充分的了解。制剂未加任何防护措施就放在工作台上，科学家们也总是直接用手进行操作。"在防止放射性物质对身体产生伤害方面，那时的科学家们并没有多少顾虑"。[104]这是迈特纳晚年接受电台采访时所言。在一些维也纳科学家身上，多多少少都有一些辐射损害，尤其手部灼伤，如斯特凡·迈耶、卡尔·普茨布拉姆、维克托·黑斯（Viktor Hess）。弗朗茨·弗梅尔（Franz Hummel）在维也纳镭研究所的工作是转移放射性制剂，1910年至1914年间他失去了左手的所有手指。[105]由于常年接触放射性制剂，玛丽·居里和皮埃尔·居里都遭受了严重的辐射损害。虽然莉泽·迈特纳在从事放射性研究的最初几年毫无保护地暴露在放射性元素的辐射中，她却保持着健康。

接下来，她将工作重心放在了研究 α 射线和 β 射线辐射的特性上。[106] 迈特纳在她的科学研究生涯中，花费了多年时间研究 β 射线。

虽然莉泽·迈特纳在不到两年的时间里进行了大约12项不同的研究，发表了4篇独立的科学论文，但却没有机会在物理研究所等到一个带薪岗位。其他同事也有类似的经历，因为接下来的几年里只有几个新职位空缺有待填补。尽管如此，1906年她还是拒绝了卡尔·奥尔·冯·韦尔斯巴赫（Carl Auer von Welsbach）提供的煤气灯厂的高薪岗位。[107] 这家工厂从1905年起开始生产放射性制剂。

莉泽·迈特纳对于从事研究工作的态度是坚定的。同时，她也很清楚，如果继续在维也纳待下去，几乎没有取得科学进展的可能。因此，她打算在玛丽·居里位于巴黎的实验室里谋求一个职位。"我本打算亲自去见她，但她写信回绝了我。这也可算是幸事一桩，因为这种阴差阳错反倒让我有机会学到更多。她所著述的物理学方面的书籍大多是从化学角度切入的"。[108] 几年后，莉泽·迈特纳在一些学术会议上见过玛丽·居里，遗憾的是始终与居里夫人没有私交。

1907年，量子力学创始人马克斯·普朗克作为玻尔兹曼的继任者来到了维也纳物理研究所。莉泽·迈特纳这才有机会见到他并聆听了一场关于他其新理论的报告。她暗下决心，一定要搬到柏林去。这样一来，她就可以去听普朗克的大课，从而能够"真正理解物理学"。[109]

1907年秋，莉泽·迈特纳离开了维也纳。一桩人际关系的失败也是促成她做出这个决定的关键因素。[110]

她本打算只在柏林逗留一至两年，却没想到一待就待了30年。对于"远走"维也纳，她曾在写给朋友伊丽莎白·希曼（Elisabeth Schiemann）的信中说："我的家让我有很强的归属感，无论我身处哪里，我永远不会摆脱对新环境的陌生感。尽管如此,我很确定,离开家对我来说在某种程度上是一种拯救;如果我留在这里,我的内心只会慢慢枯竭。"[111]

> 马克斯·普朗克,1858 年出生于基尔;1885 年起在基尔担任物理学教授,1889 年至 1927 年在柏林任职;1930 年至 1937 年和 1945—1946 年担任威廉皇帝学会主席,该协会在他去世后更名为"马克斯·普朗克学会"。他对 20 世纪物理学最重要的贡献是 1900 年发现普朗克常数。他发现发热体辐射以小能量包或量子的形式出现。普朗克一开始很不情愿地接受了这个在"绝望的尝试"中获得的认识,因为它完全与经典物理学的世界观相矛盾。但他为量子理论打下了基础,这在 20 年代推动了理论物理的繁荣。1918 年,他获得了诺贝尔物理学奖。普朗克于 1947 年在哥廷根去世。

第 4 章
在柏林与哈恩开展科研合作

> 我的生命……如此丰富，要归功于我亲身经历了物理学的卓越发展，以及物理学领域中与我共事的伟大而可爱的人物。[112]

1907 年秋，莉泽·迈特纳抵达柏林。当时，除了艺术和军事外，科学在普鲁士国家中享有很高的地位。然而，她发现柏林给女学生提供的条件不如她的家乡城市那样优越。直到 1908 年，在她抵达柏林一年后，女性才能在普鲁士进行大学注册。在那之前，一位女学生或女性听众能不能聆听一场讲座，是由各个讲师自行决定的。因此，迈特纳必须获得马克斯·普朗克的首肯。

尽管他对女性进入大学学习发表过许多怀疑言论[113]，但普朗克承认莉泽·迈特纳在科学上确实天赋异禀。他不仅允许她参加他的理论物理学讲座，还在1912年任命她做自己的助手。莉泽·迈特纳由此成为普鲁士的"第一位女性大学助教"。

在普朗克的讲座中，莉泽·迈特纳首先体会到一种"失望的感觉"。她在50多年后谈到，与玻尔兹曼慷慨激昂的演讲风格相比，"普朗克的演讲虽然清晰明了，但似乎不够个性化，从头到尾几乎没有情感起伏。但我很快就明白了，我对普朗克的第一印象与普朗克真正的个性没有多少关系"。[114]

很快，她认识到普朗克是一个热

马克斯·普朗克（1858—1947）。拍摄于1906年前后

情和关心他人的人。"我从他那里得到了太多理解和支持。他外表上体现出的谨慎很大程度上要归于他高度的责任感。[115]除了我的父母以外，没有其他人对我的人生道路产生如此强烈的影响。在他的教导下度过的学习时光对我整个未来的发展至关重要"。[116]在后来的岁月里，迈特纳亲切地称之为"普朗克父亲"[117]。

在普朗克家充满学术和音乐的氛围中，迈特纳很快就有了宾至如归的感觉。普朗克和迈特纳一样热爱音乐。他经常举办家庭音乐会，科学家和职业音乐家们一起演奏音乐。当爱因斯坦1914年从苏黎世来到柏林时，他经常参加这些音乐会。

他们演奏的是贝多芬B大调三重奏，普朗克弹奏钢琴，爱因斯坦拉小提琴，而大提琴手……则是一位来自荷兰的职业音乐家。聆听他们的合奏是一种美妙的享受，爱因斯坦的一些小小失误也并没有影响到这种美妙的体验……爱因斯坦显然内心充满了音乐带来的欢愉感，他大声笑着说"抱歉，自己技术不佳，拖了大家后腿"，不过脸上并无愧疚之意。普朗克站在那里，一脸平静，但实际是充满幸福的表情，他用手揉着心脏那里："这个美妙的第二乐章。"后来爱因斯坦和我就离开了。路上，爱因斯坦突然对我说："你知道我羡慕你什么吗？"我有些惊讶地看着他，他补充说："我羡慕你有这样的导师。"[118]

《拉小提琴的阿尔伯特·爱因斯坦教授》，埃米尔·奥尔利克（Emil Orlik）的石版画，1920 年

艾玛·普朗克或格蕾特·普朗克（Emma oder Grete Planck）（左），莉泽·迈特纳（中），伊丽莎白·希曼（Elisabeth Schiemann）一起郊游，1908 年

　　迈特纳与比自己小 11 岁的普朗克的双胞胎女儿艾玛（Emma）和格蕾特（Grete）建立了亲密的友谊。不久后，她认识了两位同样追求科学事业的女性：瑞典物理学家伊娃·冯·巴尔（Eva von Bahr）和德国生物学家伊丽莎白·希曼，后者成为她最亲

密的朋友。她在希曼家听了很多场家庭音乐会，每当回忆起这些时光，她都感到无比幸福。1913年，她们一起从慕尼黑到维也纳参加"德意志自然科学家大会"。一年后，迈特纳写信给伊丽莎白·希曼，信中称她为自己的"姐妹"："我希望你会忘记笨丫头莉泽说的那些蠢话。你应该很容易做到这件事，因为你知道你对我来说意味着什么……我不能用空话来描述近两年带给我的极致幸福，希望我们之间的快乐会持续下去。"[119]

木料工坊

莉泽·迈特纳不仅希望在马克斯·普朗克的指导下在理论物理领域继续深造，同时还想进行实验工作。1907年秋，放射性化学家奥托·哈恩（Otto Hahn）正在寻找一位能够在放射性领域工作的助手。哈恩因为研究工作在伦敦的威廉·拉姆齐（William Ramsay）处和蒙特利尔的欧内斯特·卢瑟福处有过短暂停留。1906年10月，他返回了德国。在诺贝尔奖得主埃米尔·菲舍尔（Emil Fischer）的化学研究所，他在一间木料工坊里搭起了一个小型实验室，用于进行放射性物质的研究。

在巴黎、维也纳、伦敦或蒙特利尔，他的研究成果得到了广泛认可。但在柏林，他似乎成了这一领域的新人。在卢瑟福的指导下，他深刻认识到，化学家和物理学家的合作对放射性研究至关重要[120]。于是，他开始寻求与物理学研究所的同事建立联系。1907年9月28日，他结识了莉泽·迈特纳。

迈特纳的工作范围只能限制在木料工坊之内，在此前提下研究所所长菲舍尔才同意了哈恩和迈特纳的合作。作为一名女性，迈特纳无法进入大学的化学实验室工作，这让她十分苦恼，因为她无法在实践中了解放射化学的研究方法。直到奥托·哈恩获得了一间独立使用的研究室后，迈特纳才兴致勃勃地参与到化学研究中来。[121]

尽管埃米尔·菲舍尔一开始对合作持怀疑态度，但在后来的岁月中，"他对我表现出极其友善的态度，无论在哪方面都给予了我很多支持。正是由于他的鼎力相助，1917年我才能够在威廉皇帝化学研

埃米尔·菲舍尔（1852—1919）在柏林大学化学研究所内的独立实验室。约拍摄于 1900 年

究所建立放射性物理研究部"。而菲舍尔的助手们则相反，他们"并没有对女学生给予任何照顾——有时候哈恩和我在街上会遇到菲舍尔的某位助手，那位先生会故意只说'哈恩先生，您好'"。[122]

1907年11月28日，奥托·哈恩和年龄相仿的莉泽·迈特纳开始了长达30年的合作，最终发现了核裂变现象。迈特纳一开始是无薪工作，这和当时许多年轻研究员处境相同。化学家和物理学家的合作堪称天衣无缝。维也纳物理学家贝尔塔·卡利克（Berta Karlik）评价说："奥托·哈恩在直觉上的天赋与莉泽·迈特纳的分析性和批判性思维相得益彰。"[123] 维尔纳·海森堡（Werner Heisenberg）对这两位科学家的合作也给出了中肯的评价："我认为，哈恩的成功主要归功于他的性格品质。他在工作上兢兢业业，强烈的求知欲、不可动摇的诚实品质使他能够比大多数进入放射性研究这片新领域的同行更加精确、更加认真地完成工作，也能批判性地看待大多数实验结果，从而对实验进行更多的控制。而莉泽·迈特纳对科学的关注点则有所不同。她不仅关注'是什么'，而且关注'为什么'。她想要理解……，她想要追寻在这个新领域中运作的自然法则。因此，她的长处是提出问题，然后用实验进行解释。我们可以认为，在后来的合作中，莉泽·迈特纳对问题的提出和实验结果的解释也产生了强烈的影响，而哈恩主要负责认真细致地完成实验。"[124]

> 奥托·哈恩，1879年出生于德国法兰克福；他在伦敦的威廉·拉姆齐和蒙特利尔的欧内斯特·卢瑟福的指导下专攻放射性物质的化学研究；1910年成为柏林大学教授；1934年自愿辞去大学职务；1928年至1945年任柏林的威廉皇帝研究所化学部主任；他发现了放射性元素砹、C型钍、放射性元素钍和（与迈特纳合作发现）镤；1938年12月，与弗里茨·施特拉斯曼（Fritz Straßmann）首次证实了铀核裂变的裂变产物，因此在1946年（回溯至1944年）被授予诺贝尔化学奖；1945年与其他德国科学家一同被关押在英国的霍尔农场；他是马克斯·普朗克学会的创始会长；在1957年的《哥廷根宣言》中反对德国联邦国防军的核武器化；1968年在哥廷根去世。

莉泽·迈特纳认为与哈恩的合作是"令人兴奋的"。晚年时她回忆说："我们每天都对浮现出的大量问题感到兴奋，并对物理学和化学的惊人发展充满好奇。虽然哈恩是当时最优秀的放射化学家，而我一直是一位纯粹的物理学家，有机化学中最简单的公式也让我感到神秘，但这是我们合作的良好基础。我们本来不同的研究领域正好相互补充。"[125]在木料工坊里度过的时光，成为她晚年"最深刻、

奥托·哈恩和莉泽·迈特纳在化学研究所的木料工坊中。拍摄于1909年

最美好的回忆"之一。哈恩那种"无拘无束的快乐和处事方式、助人为乐的品质以及对音乐的爱好……"令迈特纳与之结下深厚的友谊。"当他特别高兴的时候,他会用口哨吹出贝多芬小提琴协奏曲的大部分乐段,并有时故意改变最后一个乐章的节奏,好让我提出抗议,这倒是会令他开怀大笑"。[126]

然而,这两个同事的私人生活则毫无关联。哈恩对此的描述是:"除了研究所的研究工作外,我们没有什么共性。莉泽·迈特纳沉浸于自己作为大家闺秀所接受的教育,她性格非常内向,可以说有点羞怯……除了物理学的学术研讨会,我们只在木料工坊里见面。我们通常工作到差不多晚上 8 点,我们中的某个人就必须去附近买一些冷切香肠或奶酪来果腹……我们从来没有一起享用购买的食物。莉泽·迈特纳回家了,我也就回家了。尽管如此,我们的友情是诚挚的。"[127] 相识 15 年后,即 1922 年,他们彼此间才用"你"称呼对方。同年,哈恩的儿子出生了,而迈特纳则顺理成章成为他的教母。

科学家们会在物理研究所举办的"周三学术研

讨会"上讨论最新的物理学研究成果。迈特纳很快被纳入了有才华的年轻物理学家之列,其中还包括日后的诺贝尔奖得主如詹姆斯·弗兰克(James Franck)、马克斯·冯·劳厄(Max von Laue)和古斯塔夫·赫兹(Gustav Hertz)。同事们对迈特纳与奥托·哈恩的工作非常感兴趣,哈恩对此描述道:"他们经常来拜访我们,有时甚至从木料工坊的窗户里爬进来,而不是走常规路线。"[128]迈特纳和同事们的友好关系及作为独立科学家得到认可有助于她适应柏林的生活。迈特纳对这个圈子的回忆是:"如果忽略政治问题,我在德国度过的这些年是我一生中最美好的时光。在柏林,有一个非同寻常的物理学家圈子……在这个圈子里,总有非常有趣的科学讨论和许多友善快乐,我有意识地享受着这些,有时感到自己被宠坏了。"[129]

然而,莉泽·迈特纳有时怀疑自己是否应该继续追求科学事业。1910年,她失去了一直支持她科研事业的父亲。在这段时间里,她的情绪总是阴晴不定,这种情绪波动伴随了她一生。1911年,她写信给一位朋友说:"有时候我很灰心,我的生活充斥着巨大的不确定性及反复出现的担忧。我个人特殊的宿命感也饱含着孤独。最让我感到难受的是我目前的生活方式似乎很自私。我所做的一切,最多只是在满足我自己的雄心壮志和我对科学工作的热爱……但在某种程度上,我们的生活应该与其他人相关联,这对其他人来说也是必要的。而我却像自由的小鸟,没有给任何人做出贡献。也许这就是人类可能遭遇的最极端的孤独。"[130]

如果说在刚开始合作时,哈恩是更有经验的科学家,那么不久之后,迈特纳就成了与他份量相当的合作伙伴。在合作的头两年即1909年,他们就发表了一篇杰出的论文,其中介绍了一种"放射性反冲"的研究方法,用于将不同的放射性物质分离开来。用这种方法,人们首次有可能检测到寿命极短的放射性物质。哈恩和迈特纳也用这种分离方法发现了钍的一种新的衰变产物,他们称之为"钍 D"。

刚来柏林的头几年,她就被物理学院的同事们接纳了，很快也进入了国际科学家的圈子。1909年，她在萨尔茨堡的一次会议上碰到了当时还在伯尔尼专利局工作的阿尔伯特·爱因斯坦。"那时，我肯定还没有完全认识到他的相对论会产生怎样的影响，也预见不到它会以革命性的方式改变我们对空间和时间的概念"。[131] 但是，爱因斯坦在他的演讲中提出了另一个思想，该思想直接启发了迈特纳的放射性研究工作。根据他著名的公式 $E = mc^2$，很明显，放射性辐射释放的大量能量是由微小质量转化而来的。因此，母核必然比子核和辐射出的粒子加起来略重。"这两个事实是如此令人震惊，所以我直到今天都对那个演讲一直记忆犹新"。[132]

1911 年，哈恩和迈特纳开始研究原子核的构成。他们决定通过磁场中的辐射偏转来测量单个 β 辐射源的能谱。化学研究所没有适合的磁铁装置，他们就与物理研究所的同事奥托·冯·贝耶尔（Otto von Baeyer）合作。由于一些放射性制品寿命极短，测量工作困难重重。有时，放射性制品从一个研究所去往另一个研究所的路上就已经衰变了。

到 1915 年，迈特纳、哈恩和冯·贝耶尔通过这种方法研究了几乎所有放射性元素的 β 光谱。卢瑟福在 1913 年就对柏林的研究工作大加赞赏，认为这些研究大大有助于科学家们了解 β 射线辐射的发射作用[133]。然而，直到 20 世纪 20 年代，迈特纳才开始对这些结果进行理论解释。

威廉皇帝化学研究所

1912 年，哈恩和迈特纳迁入了新建成的威廉皇帝学会下设的化学研究所。哈恩成为放射性部门的负责人，而迈特纳则是无薪客座研究员。同年，她成为马克斯·普朗克的助手，并由此获得了一份微薄的薪水。1913 年，她收到了前任导师安东·兰帕的邀请，可以前往布拉格大学担任讲师。尽管有在布拉格大学晋升为教授的可能性，但迈特纳还是决定留在柏林，因为威廉皇帝学会已经授予她终身学会会员资格。[134]

35 岁时，莉泽·迈特纳才实现了经济上的独立。住在膳宿公寓和他人转租的房子里多年后，她终于可以买一套自己的公寓,她对此感到非常幸福。最重要的是,她可以拥有自己的专属钢琴和一间真正的书房。

这个新的工作地点位于柏林达勒姆(Berlin-Dahlem),远离了柏林的喧嚣。化学家里夏德·维尔施泰特(Richard Willstädter)在工作室周围种了各种各样的植物,用于他的染料研究。实验室装备先进,宽敞明亮。与木料工坊不同,这里的实验室没有受到放射性物质的污染。哈恩和迈特纳并没有考虑这里给自己的健康能带来什么好处,他们更关心的是,在这种环境下更容易不受干扰地测出微弱放射性制剂。在木料工坊的时候,他们几乎是毫无心理负担地在处理放射性制剂。在他们的工作台下,有一个箱子,里面一直放着150—250千克的铀盐。"今天的化学家和物理学家要是知道,他们每天得接受150千克铀盐的辐射,他们一定吓得要死"[135],奥托·哈恩在他的自传中这样说。

莉泽·迈特纳严格注意保持新的工作空间免遭辐射。为了达到这个目的,门把手、电话听筒和其他用品都必须用纤维素包裹起来。迈特纳的学生弗朗科·拉塞蒂（Franco Rasetti）回忆说："我认为没有比这更好的地方来学习如何免受放射性元素辐射了。"[136] 后来，拉塞蒂在罗马研究放射性元素时也采取了同样的防护措施。

莉泽·迈特纳。拍摄于 1914 年前后

作为科研工作的一种平衡，莉泽·迈特纳在大自然中寻找获得休憩的机会。1917年，她身处柏林，曾随笔写道："我只有一种非常稚气的渴望，那就是拥有一片真正的森林。其中长满了榉树和美丽的灌木丛。阳光洒在茂密的树林里，形成了点点光斑。有时我走在街上，想象自己在下一个转角处就能见到最美丽的森林，听起来是不是很傻？"[137] 她特别喜欢山，因为山会给她带来安全感。她在度假时给好友伊丽莎白的信中写道："当我被山包围起来时，我感到气定神闲。"[138] 几天后，她感到"自己与大自然融为一体，周围环境的美丽和自由业已根植于心灵。伴随着这种深深的感激和满足，时间进入了冬天，对过去和未来纠结的心魔也暂时得以压制"。[139]

在威廉皇帝研究所工作期间，迈特纳成长为一位自信、能够独立工作的科学家。1913年年底，哈恩和迈特纳开始了在新研究所中的第一个，亦是最重要的工作——寻找锕的母物质。他们猜测这个被戏称为"Abrakadabra"的元素是由一种稳定的母物质衰变而来的。哈恩和迈特纳预计会有漫长而艰苦的研究过程,但是第一次世界大战的爆发使一系列的研究计划搁浅了。

第 5 章

加入前线医护队

但每个人都必须自己去搭建生死之桥。在最后一刻，你会发现根本没有谁能在最后关头妙手回春。

1914年8月战争爆发后，奥托·哈恩自愿入伍。很多科学家都认为去当兵为国而战是自己的爱国职责所在，其中包括詹姆斯·弗兰克、古斯塔夫·赫兹和马克斯·冯·劳厄。此时，莉泽·迈特纳正在维也纳的家中度假。她写信寄往柏林，描述了自己的心情："我和其他人一样对事件发酵之快感到触目惊心。我母亲的公寓就在火车站附近，我每天都看到成千上万的人怀着极大的热忱投身前线。"[140]迈特纳也想为她的祖国效力,但她无法在奥地利的救援组织中找到工作,因为这些组织也才初具雏形。[141]于是她回到了柏林,而她在威廉皇帝研究所的科研工作仍然受限。怀揣着为国奉献的渴望,她参加并完成了X射线使用培训和护士护理课程[142]。

1915年,哈恩在弗里茨·哈伯(Fritz Haber)领导的特别化学部队试验军用化学气体。对此,迈特纳给予了理解。她写道:"您这次选择做一个'机会主义者'肯定是对的。首先,您没有被追责。其次,就算您不这样做,也总有人会做这件事。最重要的是,任何能够缩短这场可怕战争的手段都是仁慈的。"[143]迈特纳在劝慰哈恩时所说的话与军队领导说服哈恩进行毒气战研发时的话不谋而合。在哈恩的建议下,她与奥托·冯·贝耶尔共同研发了一种应用于步枪的放射性荧光物质。把这种物质涂在步兵步枪的瞄准装置上,士兵就可以在黑暗中更精确地瞄准敌人。[144]

即使在当时困难的处境下,莉泽·迈特纳的主要目标仍然是寻找锕的母物质。在因为战争而几乎废弃的研究所里，她仍独自苦苦探索。她必须接管哈恩做过的化学分析工作，并完成所有组织工作。但首当其冲的是要获得足够数量的放射性制剂。于是，迈特纳与在不伦瑞克加工铀的布赫勒（Buchler）公司进行谈判。她还动用了与维也纳放射研究所所长斯特凡·迈耶的良好私人关系，通过他联系到了亚希莫夫（St.Joachimsthal）镭工厂的领导。

做化学分离的工作是十分烦琐的。因此，她经常向哈恩抱怨，说他甚至不写信给她这个"孤独的研究所同事"[145]，不说几句亲切友好的话安慰安慰她。1914年9月，她向斯特凡·迈耶坦言："我非常想念维也纳镭研究所。在这里，没有人给我讲最新消息。我大部分时间都只是在为自己辩护，因为旁人都指责奥地利人没有在一天内将所有俄国人都杀死。"[146]

另一方面，独自维持研究所运转也增强了她的自信心。她也曾代表威廉皇帝化学研究所履行了一些责任，如她为两位土耳其王子介绍了研究所的管理工作。"一切都很顺利。"迈特纳写信给哈恩说,"我收到了一份恭敬正式的感谢信,信里恳切地说道,皇帝陛下第一次有幸认识一位女博士(这些人真是出奇地狂热)。我当然为此而感到自豪,毕竟在小小的身躯中还能承受些溢美之词。"[147]

尽管她与哈恩一直保持书信联系,双方仍旧缺乏合作。战争开始时,哈恩给她寄了一张他的照片和一件来自弗兰德的女式蕾丝领子,以表达慰问。莉泽·迈特纳一生钟爱花,"我真的不知道让我更开心的是什么;也许更喜欢的是这张照片,因为拍得很逼真,您的修长身材甚至超出了您自己最大胆的期望"。[148]

1915年8月,迈特纳作为志愿者加入了奥地利前线的救护队。就像法国的玛丽·居里和她18岁的女儿伊雷娜(Irène)一样,她也做了放射科医生的工作。整整坐了60个小时的火车她才到达俄罗斯前线的伦贝格医院(Lemberg),这里也是她的第一个工作地点。一开始,由于X射线室还没有建立,她只能在手术室帮忙,也由此接触了许多重伤员,他们的伤情常常令她深受震撼："啊，伊丽莎白，我看到了太多我曾经根本无法想象的可怕场景。这些可怜的人儿，就算他们能够幸存下来成为残疾人，也将终身饱受痛苦的折磨。只要看一眼他们身上的伤口，你根本也就听不到他们的尖叫和呻吟声，那伤口实在是触目惊心。"[149]迈特纳曾试图安慰这些伤员，但大部分伤员都来自捷克和匈牙利，语言不通的问题令她备受煎熬："今天有一个伤员想要感谢我，口中一直在重复'亲爱的护士'，并轻抚我的胳膊。我的眼泪几乎夺眶而出。"[150]迈特纳总是竭尽全力地想拯救他们，"但每个人都必须自己去搭建生死之桥。在最后一刻，你会发现根本没有谁能在最后关头妙手回春"。[151]

在最初的几个月中，迈特纳几乎无暇顾及她的科学工作。但是，随着前线的转移和需要照顾的伤员人数下降，她在医院里的工作逐渐轻松了一些。在这段时间，她才意识到物理学已经给她个人生活打下了深深的烙印："我深深热爱物理。我很难想象我生活中没有它会怎么样。这是一种个人的爱，就像深爱一位自己非常感激的人一样。而我这样一位没有任何坏心肠的物理学家,却深受内疚感的困扰。"[152] 对物理学发出这样的自白就像对一个人倾诉衷肠,至少表明迈特纳对于自己选择科学之路义无反顾。尽管如此,她还是决定暂且搁置自己的个人喜好,继续在医院里坚持下去。当时做出这种选择对于她来说似乎责无旁贷。

1915年8月,一位来自比雷埃夫斯的希腊教授给莉泽·迈特纳写了一封求婚信。两人相识于一场学术会议。[153] 迈特纳为何会拒绝这次求婚,从她留下的文字中难以看出端倪。而另一桩相遇对38岁的迈特纳而言显然有着更重要的意味。1916年7月,迈特纳被派往特伦特(Trient)的前线医院,在那里她对奥地利中尉穆法特(Muffat)暗生情愫。也许是害怕更深层次的承诺,她突然接受派遣被调往另一家战地医院,两人之间连最后的告别都是书面形式。[154]

迈特纳对布拉格和卢布林的新工作地点并不满意。医生们之间只说捷克语,所以她常常感到自己无所适从。由于丧失了医生工作的价值感，她对科学工作的渴望愈加强烈。此外，那段特殊时期也剥夺了她接触音乐的机会。早在1916年1月，她就向伊丽莎白·希曼抱怨道："要是你能给我寄一些音乐唱片就好了！晚上躺在床上的时候，我很想伴着音乐入眠，但就连这种小小的愿望都是痴心妄想……有时我真想让音乐洗涤一下我的头脑和心灵。"[155] 不久之后，她这样描述了自己的处境："就像一个人坐在火车上，不知道火车实际上要去哪里，所以可以在任何一站下车，这一点让我深感慰藉。"[156]

莉泽·迈特纳一再强调，她努力地暂时搁置了自己的愿望："你终会明白，我非常认真地考虑过回到柏林的威廉皇帝研究所是否是我的职责所在。我把这定性为我的职责，因为我非常努力地将我的愿望搁置在一边。"[157] 对于这种矛盾的情感，1916年夏天她发出了上述感慨。这时候需要一个外部的理由来"退出"医院的工作，奥托·哈恩的一封信提供了这个理由。他宣称，如果迈特纳不回到柏林，他们在威廉皇帝研究所的共同研究部门将转为军用。

"由于我们对铀系列元素的母体物质钍进行的研究需要使用固定装置等进行高度可重复的测量，如果我们的实验室被关闭，多年的工作将毁于一旦……尽管哈恩催促我回来，我还是感到茫然无措。我不确定的是，在这个时期，将我们的实验室仅用于科学目的是否合理。我曾就这个问题求教马克斯·普朗克，他明确表示维持科学工作的重要性。这一建议无论从现实还是人性角度都令我醍醐灌顶。"[158]迈特纳于1916年9月回到威廉皇帝研究所。在她的回忆录中，她把1917年称为"回归之年"。但很显然这个年份她记错了，因为自1916年10月以来，她就定期报告她的实验进展。自10月份起，她的名字就不再出现在医院的文件档案里了。[159]

第 6 章
科学上大获成功

可以说，大约1920年之后的几年里，我们的研究所在国外获得的很大一部分声誉，都是依靠迈特纳部门的工作。

当莉泽·迈特纳回到柏林时，首要的任务是为留住自己的工作室而奋斗。她所做的努力没有白费，最终可以继续着手战争前开始的测量工作。哈恩也会利用休假时间来帮忙。尽管经历了一轮又一轮的预实验，极其恶劣的实验条件，测量工作终于在1918年3月成功了。这时候，距第一次测量已有六年半之久。哈恩和迈特纳在接受《物理杂志》采访时谈道："我们成功地发现了一种新的活性元素，并证明了它是锕系的母物质。我们建议将其命名为钍。"[160] 迈特纳写信给维也纳的斯特凡·迈耶说："当你寻找某样东西如此之久后，找到它的愉悦和幸福感定是双倍的。"[161]

莉泽·迈特纳在工作中得到了认可。自1917年以来，她一直是为她量身打造的威廉皇帝化学研究所"物理放射性部门"的负责人。1919年3月3日，有影响力的教授埃米尔·菲舍尔、马克斯·普朗克、瓦尔特·能斯特（Walther Nernst）向普鲁士科学、艺术和教育部请求授予莉泽·迈特纳教授头衔。他们给出的申请理由是："迈特纳女士的整体贡献不亚于她的工作伙伴哈恩

莉泽·迈特纳。拍摄于1918年前后

教授。她拥有卓越的物理理论知识，实验技能娴熟，认真负责。在放射性领域，除了居里女士外，她可以说是最有成就的女性研究员。"[162]1919年7月31日，这个请求获得了批准。虽然获得了教授头衔，一开始，迈特纳并未获得教学许可。1922年，她成为私人讲师，这时才有了教学资格。

第一次世界大战结束后，德国不仅遭遇了经济崩溃、大规模失业和通货膨胀，还得直面价值体系的崩溃。1918年11月，爆发了革命。斯巴达克同盟（Spartakusbund）试图建立一个俄国式的苏维埃共和国。然而，社会民主党政治家菲利普·谢德曼（Philipp Scheidemann）于11月9日宣布成立了民主共和国。两天后，德国签署了停战协议。直到1918年11月28日，德国皇帝威廉二世正式退位。

莉泽·迈特纳支持共和国成立，因为她"一直有着强烈的民主倾向"[163]。这些日子，她与奥托·哈恩、詹姆斯·弗兰克和伊丽莎白·希曼一起进行了许多政治辩论，尽管大家意见不同，但并不影响他们深厚的友谊。迈特纳在科学和政治上都有"诚挚的渴望,她希望拨开重重迷雾,看到真相,以验证这真相与自己的预期是否相符"。[164]同时,她对身边的人也持有这种态度。

迈特纳对哈布斯堡帝国的分裂深感遗憾:"虽然

> 1918年11月12日:德意志帝国开始实行妇女享有选举权的制度。
>
> 1918年至1920年:政党中的女性成员数量急剧增加。
>
> 1919年:1月19日的立宪国民大会选举中,女性议员获得了42个席位(相当于9.1%)。莉泽·迈特纳于7月31日获得教授头衔。
>
> 1920年:7月31日,普鲁士文化部部长同意女性可以担任教授。
>
> 1922年:莉泽·迈特纳被任命为私人讲师,不久获得教学资格。
>
> 1926年:德国女性学术联合会(DAB)成立。3月2日,莉泽·迈特纳被授予"非官方特别教授职位"。

从理智上来说,我可以接受分裂的必然性,但这种感觉并不轻松。过去,每当我去维也纳,到达德钦(Tetschen)时,我就有一种回家的感觉。现在我再去那里,就总有一种陌生感,仿佛身处另一个国家。"[165]另一方面,她希望通过与德国的联合,使德奥地区再次强大起来。然而,20年后,希特勒通过武力手段将奥地利并入了德国,这迫使迈特纳永远离开了德国。

迈特纳对战后德国的一系列事件进行了深入的思考。虽然伊丽莎白·希曼对德国王室的消亡深感遗憾,但迈特纳认为:"一个皇帝必须拥有神一般的品质,能够用自己的智慧……在现代国家超复杂的机制中做出正确的决策。"[166]她认为这是不可能的。此外,她对于君主制度连形式上都被一并抹除感到惋惜。

科学的重建

战争结束后不久,由于《凡尔赛和约》的规定,德国科学家失去了与国际学术界的系统联系。[167]威廉皇帝学会的财务状况也非常糟糕,缺乏设备和试剂。"在通货膨胀期间,我们有一段时间的主要工作是筹集和支付越来越高涨的薪水。然后所有的工作人员都跑去买东西,因为货币的购买力在几个小时内就可能大幅下降"。[168]

> 尼尔斯·玻尔(Niels Bohr),1885 年出生于哥本哈根。1913 年,他将卢瑟福的"行星模型"与普朗克和爱因斯坦的量子假设相结合,提出了以他名字命名的原子模型。他从 1916 年开始在哥本哈根担任理论物理学教授。1921 年,他阐明了元素周期表的结构,获得了诺贝尔物理学奖。在 20 世纪 20 年代,他的研究所成为欧洲最重要的量子理论研究和阐释中心之一;从 30 年代中期开始,他转向核物理学,并与美国人约翰·A. 惠勒(John A. Wheeler)提出了一种广义的核裂变理论。1943 年,他流亡美国,成为美国原子弹计划的顾问。战争结束后,他回到哥本哈根的研究所。于 1962 年在哥本哈根去世。

在弗里茨·哈伯的研究所中合影。前排（坐着）：赫塔·施波纳（Herta Sponer）、阿尔伯特·爱因斯坦、英格丽德·弗兰克（Ingrid Franck）、詹姆斯·弗兰克、莉泽·迈特纳、弗里茨·哈伯、奥托·哈恩；后排（站立）：雨果·格罗特里安（Hugo Grotrian）、威廉·韦斯特法尔（Wilhelm Westphal）、奥托·冯·贝耶尔、彼得·普林格斯海姆（Peter Pringsheim）、古斯塔夫·赫兹。拍摄于1920年

1920年成立的德国科学危机共同体使得科学工作在适度的范围内重新开展起来。此外，来自外国的友好同行，首当其冲的是丹麦物理学家尼尔斯·玻尔，为德国科学家重新获得参会资格而奔忙。

但是，对德国人的敌意直到战后十年才逐渐消散。在20年代，莉泽·迈特纳前往瑞典、丹麦和荷兰举行报告讲座，并在与同行的交流中强调，德国被国际科学组织抵制是不公正的。[169]

随后进入了"咆哮的20年代"（Roaring Twenties）。这一时期的繁荣可从柏林社交生活中窥见一二。在这个大都市里，人们跳查尔斯顿舞，观看约瑟芬·贝克（Josephine Baker）的大胆表演，女性开始留"男孩式短发"。同时期，科学也大踏步进入了一个黄金时代。德国首都成了自然科学的中心。如果以诺贝尔物理学奖获得者人数来进行比较，世界上没有哪个城市可以和柏林匹敌[170]，其中就包括马克斯·普朗克（1918年诺贝尔物理学奖）、沃尔特·能斯特（1920年诺贝尔物理学奖）和阿尔伯特·爱因斯坦（1921年诺贝尔物理学奖）。

自1917年起，阿尔伯特·爱因斯坦担任威廉皇帝物理研究所的主任。1918年，他邀请莉泽·迈特纳进行合作。按照合作任务，她应该力求推翻化学家埃德加·迈耶（Edgar Meyer）的实验数据，因为这些数据与爱因斯坦 1905 年提出的光量子假说相矛盾。但事实证明，不仅迈耶的实验数据是错误的，爱因斯坦自己的理论计算也是错误的。基于这个事实，迈特纳错过了与爱因斯坦合作和发表文章的机会，但至少曾经与爱因斯坦进行过激动人心的学术和私人探讨，这一点就足以让她心满意足了。[171]

1920 年 4 月，曾经在量子理论方面进一步发展了卢瑟福原子模型的尼尔斯·玻尔第一次来到柏林。这位来自哥本哈根的教授时年 35 岁，他受到了热烈的欢迎。在向德国物理学会发表演讲后，尼尔斯·玻尔与普朗克和爱因斯坦讨论了他的想法，这也是他首次在柏林与他们会面。对于像莉泽·迈特纳、奥托·哈恩、詹姆斯·弗兰克和奥托·冯·贝耶尔这样的年轻科学家来说，他们没有机会向玻尔提问。因此，他们决定邀请他在研究所进行一整天的"无贵族参与的学术讨论会"，以便在"教授先生们"不在场的情况下可以随意向他提问。"我们向玻尔提出了很多问题，这个过程持续几个小时，但他总是非常宽容和愉快。午餐时，哈伯试图向他解

尼尔斯·玻尔在柏林参加的"无贵族参与的学术讨论会"。从左到右依次为：奥托·施特恩（Otto Stern）、威廉·伦兹（Wilhelm Lenz）、詹姆斯·弗兰克、鲁道夫·拉登堡（Rudolf Ladenburg）、保罗·尼平（Paul Knipping）、尼尔斯·玻尔、E. 瓦格纳（E. Wagner）、奥托·冯·贝耶尔、奥托·哈恩、莉泽·迈特纳、乔治·冯·赫维希（Georg von Hevesy）、威廉·韦斯特法尔（Wilhelm Westphal）、汉斯·盖革（Hans Geiger）、古斯塔夫·赫兹和彼得·普林格海姆（Peter Pringsheim）。这是莉泽·迈特纳1938年开始流亡时随身携带的三张照片之一。拍摄于1920年

释此处的'贵族'一词的含义"。[172]

时隔一年之后的1921年春季，莉泽·迈特纳有幸再次见到尼尔斯·玻尔。4月份，她在瑞典待了几周，此行是应隆德大学物理研究所所长曼内·西格巴恩（Manne Siegbahn）的邀请来举办

讲座，并组织了一个射线物理实验室。在空闲时间，她着手学习 X 射线光谱学，因为这些知识对她未来的工作非常有用。在她离开瑞典之前，她的学生们为她送上了鲜花和赞誉。他们不光赞扬她卓越的科学工作，还称赞了她的人道主义精神和乐于助人的态度，以及她在研究所组织的郊游中表现出的与人为善。[173]这次郊游的目的地是黑文岛（Insel Hven），也是天文学家第谷·布拉赫（Tycho Brahe）的天文台所在地。可以说，这趟郊游是她在瑞典短暂逗留期间最愉快的经历之一。她对这里的风景如痴如醉："所有好的、坏的渴望都在一个人身上体现得淋漓尽致，至少在我身上变得如此鲜活。我得坐下来，让这些如潮水般涌出的思绪归于平静。"[174]

迈特纳发现，隆德之行给她的学术和个人方面都带来了一份额外的安全感。她认识到，自己的工作在柏林工作圈之外也大获赞赏，并有机会与更多人接触并建立起新的联系。她写信给好友伊丽莎白·希曼说："但我已经成为一个开放和适应不同文化的人，从前的那个我几乎已所剩无几。我需要在夏天去一个非常孤独的小屋，花一些时间重新找回一点自我。"[175]

接着，迈特纳从隆德返回哥本哈根。在那里，她在玻尔的研究所进行了有关 γ 射线和 β 射线的演讲。这段时间里，她与玻尔及其妻子玛格丽特结下了深厚的友谊，玛格丽特的音容笑貌及个性让她想起了她那位英年早逝的朋友艾玛·普朗克。迈特纳将尼尔斯·玻尔视为核物理理论领域中最重要的理论家之一，也很欣赏他的为人。她回忆道："在我的一生中，我确实认识了很多特别的人，但是玻尔给我的印象尤其深刻。"[176] 1933年，莉泽·迈特纳在尼尔斯·玻尔家再次短暂停留了两天。她回忆起这些日子说："你只要跟他交谈一会，就会深受震撼，头脑和心灵都被完全占据了。"[177]

德国的第二位女物理学教授

莉泽·迈特纳的学术晋升比她的大多数女同事更为顺利。担任普朗克的助手为她的职业生涯铺平了道路："在大多数科学家的眼中，这是进入科学研究的入场券。这段经历也有助于消减人们对女性学者的偏见。"[178]1919年，海德维希·科恩（Hedwig Kohn）在布雷斯劳成为第一位获得物理学讲席授权的女性。1922年，莉泽·迈特纳就紧跟着她的脚步获得了私人讲师的职位，对应学术层次中最低的职位和薪资水平。她于10月举行了入职演讲，演讲的主题是"放射性对宇宙过程的意义"。1926年，她最终成为特聘教授。1923年以来，她一直在柏林大学任教；在1933年纳粹掌权后，她不得不终止了她的课程。

尽管迈特纳拥有教授头衔并得到同事们的认可，她有时仍然受困于自己的女性身份。《布洛克豪斯百科全书》（*Der Brockhaus Lexikon und Worterbuch*）的一位编辑想向一位署名为"L. 迈特纳"的作者约稿写一篇关于放射性的文章。当他后来得知这位作者竟然是女性时，感到怒不可遏。因为他根本不会考虑发表一篇由女性撰写的文章。[179]时间进入20年代，当莉泽·迈特纳与英国同行詹姆斯·查德威克（James Chadwick）和查尔斯·埃利斯（Charles Ellis）就 β 光谱的解释进行科学争论时，查德威克在哈恩面前批评了她的工作。对此，迈特纳感到很委屈，她写信给哈恩说："在开始阅读之前一篇论文之前就对其提出质疑，这是不科学的，只能反映出对女性作者的歧视，这实在是令人沮丧。"[180]

令人惊讶的是，尽管有这些不悦的经历，莉泽·迈特纳在后来的岁月中并没有像玛丽·居里那样为其他女性发声。而且她始终坚决否认自己是女性运动的代表人物。1947 年，有人想提名她为奥地利民主妇女联盟名誉主席，对于这个提议，她也断然拒绝。[181] 她对给予女性员工身份也持保留意见。她还试图阻止哈恩在 1920 年夏天邀请匈牙利化学家伊丽莎白·罗纳（Elisabeth Rona）作为奖学金获得者来到柏林。在度假时，她向哈恩施压说："我希望罗纳小姐不要来。我非常不希望她再出现在我们的研究所里。"[182] 然而，在实验室外，她仍然与一些参与女性运动的学术界女性保持着友谊，如德国女学者联合会创始人阿格奈什·冯·桑－哈纳克

（Agnes von Zahn-Harnack）和在德国和平协会中活跃的海伦娜·斯特克（Helene Stöcker）等人。

1960年8月，82岁的莉泽·迈特纳在美国女子学院——布林莫尔女子学院的学生面前发表演讲，表明了她对女性运动问题的关注。她认为，尽管过去的80—100年取得了进展，但仍未实现所有期待中的目标。女性不能担任高层位置，这样的偏见仍根深蒂固。[183]

在20世纪20年代的威廉皇帝化学研究所，迈特纳与哈恩可谓是并驾齐驱。在科研工作中，她逐渐与哈恩分道扬镳，并作为物理部门主管制定了自己的研究重点。从其教授资格专业论文《关于放射性物质的β射线谱的产生》[184]一文中可以看出，她在20世纪20年代再次致力于β射线衰变研究。迈特纳是第一个描述了日后称为"奥日效应"的人，但这一荣誉后来归功于法国物理学家皮埃尔·奥日（Pierre Auger）。迈特纳后来指出："1923年，我已经在UX I的β光谱中证实了这个效应，比奥日早了两年，并且讨论了所有出现的结果。"[185]

莉泽·迈特纳在剑桥的查尔斯·德鲁蒙德·埃利斯（Charles Drummond Ellis）家中。拍摄于 1924 年前后

迈特纳认为，当 β 粒子从原子核中被抛射出来时，它们具有统一的能量。她的英国同事詹姆斯·查德威克（James Chadwick）和查尔斯·德鲁

蒙德·埃利斯（Charles Drummond Ellis）对该假设持反对态度。迈特纳本人对竞争对手的结果表示怀疑，因为这些结果似乎与能量守恒定律相矛盾。当争议结果最终利于埃利斯时，她写信给俄罗斯理论物理学家乔治·伽莫夫（George Gamow）："我很难相信能量守恒定律无效。"[186] 但她的猜测没错："在原子核中，可能会发生我们目前完全不了解的规律过程。"[187] 1930 年 12 月，物理学家沃尔夫冈·泡利（Wolfgang Pauli）解答了这个谜题。他提出了一个假设，即在 β 衰变中会释放出另一个粒子——中微子（das Neutrino）。衰变能量将分配给电子和中微子，从而使得总能量保持不变。

1924 年，迈特纳因其在研究 β 谱线方面的工作，获得了普鲁士科学院颁发的莱布尼茨银奖章。1925 年，她又获得了奥地利科学院在维也纳颁发的伊格纳兹·利本奖。

在她的放射物理学部门，莉泽·迈特纳并没有开发新的仪器，而是让她的部门成员根据她的设想改进现有的测量方法并适应新出现的问题。她成为威尔逊云室的专家，并扩大了盖革-穆勒计数器的应用范围。迈特纳是德国唯一一位通过实验验证同行所提出理论的核物理学家。在20世纪20年代，她经常受邀在会议上报告她对原子核结构的看法。奥托·哈恩评价道："可以说，大约1920年之后的几年里，我们的研究所在国外获得的很大一部分声誉，都是依靠迈特纳部门的工作。""这在一定程度上得益于'核物理学'更加现代化，更多的人开始作为化学家来研究放射性的问题。"[188]

1917年至1933年，迈特纳在科学上大获成功。同时，她在和朋友的相处中也感到越来越自在，住在威廉皇帝研究所给负责人配备的别墅居所中也有一种宾至如归的感觉。作为一名教授，她不仅承担了对学生的科学指导责任，还认为教授们"对年轻同事有着巨大的人道责任。我们一整天几乎都与他们在一起，我们所做所说的一切都可能影响他们的整体发展"。[189]因此，她践行着自己对自己提出的要求，她的博士生阿诺德·弗拉默斯菲尔德

（Arnold Flammersfeld）的信证明了这一点："我确实在达勒姆看到了很多伟大的研究者，从他们那里学到了非常多。主要是学会了如何解决问题，但也学到了很多人性的东西，其中一些直到后来才真正领悟。"[190]

德国威廉皇帝化学研究所和"研究所别墅"（左侧），莉泽·迈特纳于20世纪30年代居住在别墅底层的一间屋子里。拍摄于1918年前后

1933年至1938年：走向核裂变的道路

1933年1月，希特勒上台了。许多研究人员因反犹主义的"恢复公职法"（Gesetzes zur Wiederherstellung des Berufsbeamtentums）而失去了教学资

格许可。阿尔伯特·爱因斯坦和詹姆斯·弗兰克自愿离开德国。莉泽·迈特纳则不被允许参加物理学研讨会，也失去了评审博士研究生工作的资质。奥托·哈恩和马克斯·普朗克都写信给普鲁士科学部为她辩护。[191]哈恩强调，莉泽·迈特纳所做的贡献与诺贝尔奖得主玛丽·居里不相上下，很难找到其他与之旗鼓相当的讲师可以接替迈特纳开设的关于原子物理学和镭研究的课程。马克斯·普朗克证实说迈特纳在原子物理学领域是一位一流的权威，她的离开将在国外引起极大轰动，造成不亚于化学家弗里茨·哈伯（Fritz Haber）辞职事件的影响[192]。尽管做出了种种努力，迈特纳的离职仍然无法逆转。1933年9月，莉泽·迈特纳的教学资格被永久剥夺。

然而，威廉皇帝研究所仍然保留着迈特纳的职位。一方面，因为她是奥地利公民，种族法对她并不适用；另一方面，因为该研究所并不直接受政府的管辖。像许多人一样，迈特纳希望政治形势能够在不久的将来得到缓和。回忆起从前，她的想法已经改变了。她在1947年写道："我本应该在1933年就离开德国的，当时洛克菲勒向我提供了一份在国外的工作，但普朗克和哈恩劝我不要离开，而我又是如此依赖于我们的研究所，因为物理学部门是我一点一点创建起来的……后来我才意识到，我的留下无论从实际的角度还是从道德的角度说都是不合适的。但很可惜，我在离开德国以后才开始明白这一点。"

1933—1938年的德国

1933年1月30日，希特勒被任命为总理；2月27日，国会大厦失火：该事件成为废除最重要的基本权利的借口；3月，颁布《授权法》；

《恢复公职法》：犹太裔和民主派的公务员失去了他们的职位。

1935年，《纽伦堡种族法》：剥夺犹太人的"全部政治权利"；禁止犹太人与非犹太人结婚。

1938年3月，"合并"奥地利；11月9日/10日，"水晶之夜"事件中：犹太教堂和犹太商店被毁，91名犹太人遇害。在随之而来的逮捕浪潮中，约有30000名犹太人被关进集中营。

1933年11月11日，德国科学家在莱比锡举行了一次选举集会，呼吁全世界支持希特勒为德国谋求平等权利而发起的斗争。在右侧的讲台上，有外科医生费迪南德·索尔布鲁赫（Ferdinand Sauerbruch）、柏林大学校长欧根·菲舍尔（Eugen Fischer）、艺术史家威廉·平德尔（Wilhelm Pinder）、弗赖堡大学校长马丁·海德格尔（Martin Heidegger），以及其他德国大学的校长

"就我个人来说，在离开之前我没有遇到任何困难，但那是非常艰难的岁月。人总会在行事不要违背良心和对研究所及员工负责之间动摇"。[193]

对于莉泽·迈特纳来说，该研究所在1933年之后仍提供了一个受保护的环境。"这里存在一种强烈的凝聚力，其基础是相互信任。1933年后，正是基于信任的基点，尽管部门成员的政治立场并不一致，研究所的工作也完全没有受到外界干扰。但所有人都相信，要尽一切努力，使科学和人文社会群体保持不变。直到我在1938年7月离开之前，我一直将这种凝聚力和相互信任视为我们这个圈子不同凡响的特点，并对此十分欣赏。"[194]

尽管收到了纳粹党的禁令，1934年，柏林大学和威廉皇帝研究所的一些勇敢的教授们还是组织了一场悼念仪式，纪念在瑞士流亡期间逝世的同事弗里茨·哈伯。马克斯·普朗克、奥托·哈恩、莉泽·迈特纳和弗里茨·施特拉斯曼都参加了该仪式。"直到最后一刻，我们都不知道是否能够正常发言……仪式结束后，普朗克再次收到了有关部门的禁令，严禁公开发表任何关于该纪念活动的言论"。[195]只有马克斯·冯·劳厄有勇气在《自然科学》上发表了一篇对哈伯的悼词。

由于教学工作受阻，莉泽·迈特纳在这些年更加专注于研究。她是1933年受邀参加布鲁塞尔"索尔维会议"（Solvay Congress）的少数知名科学家之一。在会议上有两个重要的发现：伊雷娜·约里

1933年4月,哥本哈根的"玻尔庆典"。左起第一排:尼尔斯·玻尔、保罗·阿德里安·狄拉克(Paul Adrien Dirac)、维尔纳·海森堡、保罗·埃伦费斯特、马克斯·德尔布吕克(Max Delbrück)、莉泽·迈特纳

奥-居里(Irène Joliot-Curie)报告说,她与丈夫弗雷德里克首次制造了人造放射性元素。这不仅对研究有益,还对癌症治疗和核医学具有重要意义。迈特纳从前的竞争者詹姆斯·查德威克则发现了欧内斯特·卢瑟福预测的原子核中不带电荷的基本组成部分——中子。

来自罗马的31岁物理学家恩里科·费米(Enrico

Fermi）是"索尔维会议"的参与者之一，中子的发现带给他极大的启发，开始进行一些引人注目的实验。他意识到，由于中子是不带电荷的，所以它们适合用来轰击原子核，因为它们不会被带正电的原子核排斥。如果中子进入原子核，那么就可能产生更重的元素。在这个猜想下，费米与一群年轻的助手系统地用中子轰击了所有已知的化学元素。

费米观察到，最重的元素铀会在中子轰击下发出 β 射线并产生分裂。这意味着可能产生了一种比铀更重的新元素，即所谓的超铀元素。多年之后，莉泽·迈特纳回忆说："我觉得这些实验十分迷人。于是我在 1934 年的《新物理学杂志》（*Nuovo Cimento*）和《自然》（*Nature*）上也发表相关实验的文章之后说服了奥托·哈恩，恢复我们几年前中断的直接合作，致力于研究这些问题。"[196] 看起来，这是研究者们第一次制造出自然界中原本不存在的人工元素。

尽管身为研究所所长的哈恩身兼重任，但迈特纳还是说服了他，开始重复费米的实验。他们开始了一项系统的研究，证实了费米的超铀元素的存在。只有化学家伊达·诺达克（Ida Noddack）对费米实验的解释表示怀疑。她认为，只有在排除了所有其他已知化学元素的出现之后，超铀元素才能被确认。"在用中子轰击重核时，这些核可能会分裂成几个大碎片，"诺达克写道。[197] 但哈恩和迈特纳对这位来自德国夏洛滕堡物理技术研究所同行的质疑不以为意，主要是因为诺达克没有进行任何实验来验证她的假设。对于哈恩和迈特纳来说，既然卢瑟福和玻尔这两位理论物理学家领袖都认为原子核不可能分裂成更大的碎片，那这就是权威意见了——但日后的实验结果推翻了这种观念。

弗里茨·施特拉斯曼于1902年2月22日出生于博帕德（Boppard），在1929年开始在柏林的威廉皇帝化学研究所工作。作为一个核化学家，他对铀和钍的人工放射性同位素的制备特别感兴趣。在1938年12月，他和奥托·哈恩一起发现了核裂变。第二次世界大战后，他成为美因茨马普化学研究所的化学教授。施特拉斯曼于1980年4月22日在美因茨去世。

1934年年底，分析化学家弗里茨·施特拉斯曼也开始参与研究工作。施特拉斯曼比哈恩和迈特纳年

弗里茨·施特拉斯曼（1902—1980）。拍摄于1935年前后

轻近一代，自1929年以来一直在哈恩的研究所工作。1933年，有一份工业领域的职位摆在他面前，但如果接受该职位就需要成为纳粹组织的成员。因此，他拒绝了邀约。施特拉斯曼靠着辅导别人备考赚取微薄的工资。在迈特纳的建议下，哈恩从1934年开始向这位时常营养不良的同事提供额外的资助。[198]

哈恩、迈特纳和施特拉斯曼在用中子轰击铀时得到的结果，从化学和物理的角度都很难解释。从

哈恩、迈特纳和施特拉斯曼在威廉皇帝化学研究所的"工作桌"。1938 年 12 月核裂变的发现要归功于用这个设备所做的一系列实验

1937 年开始，巴黎的伊雷娜·约里奥-居里和她的员工、南斯拉夫物理学家保罗·萨维奇（Paul Savitch）加入了对超铀元素的寻找。巴黎小组也同样使用中子轰击铀，以期得到放射性衰变产物。伊雷娜·约里奥-居里表示，在她轰击的铀中包含了所有的化学元素[199]。这表明她尽管已经发现了核裂变的较轻碎片，但并没有正确地解释这一过程。

第7章

流亡生活

> 我没有做错任何事,为什么要漠视我的存在,或者像要把我活埋了似的?[200]

在哈恩、迈特纳和施特拉斯曼夜以继日地进行测量工作时,政治局势也变得愈发尖锐起来。

早在1935年,马克斯·冯·劳厄和马克斯·普朗克就提议共同授予哈恩和迈特纳诺贝尔奖。到了1936年,他们建议单独授奖给莉泽·迈特纳。提议的初衷是保护他们的这位女同事免受纳粹的攻击。[201]1938年3月12日,纳粹吞并了奥地利,迈特纳的处境由此变得很危险。她的奥地利护照失去了效力，因此她被纳粹种族法规所限制，丧失了合法出境的权利。据推测，坚定的纳粹分子、化学家库尔特·赫斯（Kurt Hess）早在几个月前就要求研究所解雇莉泽·迈特纳，他向哈恩表示，犹太人定会危及研究所。[202]更为严重的是，一份关于莉泽·迈特纳的正式报告被提交给了国家科学、教育和文化部（Reichsministerium für Wissenschaft, Erziehung und Volksbildung）。此前，奥托·哈恩一直支持迈特纳，但现在他也"失去了勇气，与霍尔莱因（Hörlein）（我们的财务主管）商谈了关于莉

1938年3月14日，阿道夫·希特勒在维也纳英雄广场上宣布"奥地利回到帝国怀抱"

第7章 流亡生活

泽·迈特纳和奥地利被吞并以来的糟糕时局。霍尔莱因建议莉泽辞职,虽然她仍然可以以非正式研究者名义继续工作,但实际上一切已经无济于事。"[203] 哈恩于 1938 年 3 月 22 日向她转述了这次谈话,并建议她不要再来研究所了。[204] 他回忆说:"莉泽非常不开心,而且对我抱有怨气,因为她觉得连我也要抛下她不顾了。"[205]

莉泽·迈特纳的外国朋友——苏黎世的物理学家保罗·舍雷尔(Paul Scherrer)和哥本哈根的尼尔斯·玻尔试图通过邀请她参加学术活动,以达成离开德国的目的。但是迈特纳不想在没有获得一个稳定职位的情况下就离开德国。詹姆斯·弗兰克现在是巴尔的摩约翰斯·霍普金斯大学物理化学教授,他在 1938 年 6 月曾向柏林的美国领事馆为她提供生活费担保,以此来帮助她移民美国。[206] 5 月,丹麦大使馆拒绝她的入境签证时,迈特纳这才意识到了自己艰险的处境,因为她的奥地利护照已经失效了。[207] 就算是威廉皇帝学会主席、内阁顾问卡尔·博施向内务部部长威廉·弗里克(Wilhelm

莉泽·迈特纳和奥托·哈恩。拍摄于 1938 年前后

Frick）提出交涉，也没有取得成功。迈特纳于 6 月 16 日将丹麦领事馆的否决记录在她居住的阿德隆酒店的信纸上，之所以住在那里就是因为担心突然遭到逮捕："人们不希望知名的犹太人从德国出国，然后在外国作为德国科学的代表，或者仅仅利用他们的名字和经验来发挥影响力反对德国。"[208] 此时的莉泽·迈特纳心里有了答案，她必须尽快以"非法方式"逃离德国。

在频遭警告的情况下，她请求柏林的同事彼

得·德拜（Peter Debye）向玻尔打听国外和科学相关的工作机会。她选择了透过旁人去打听是出于谨慎，因为她和哈恩的信件可能会被盖世太保截获。玻尔已经向他的荷兰同行迪克·科斯特（Dirk Coster）和阿德里安·福克（Adrian Fokker）求助。1938年6月27日，科斯特向柏林方面报告，自己将到这里来寻找一位合同期为一年的"助手"。[209] 几乎同时，迈特纳也收到了来自斯德哥尔摩的曼内·西格巴恩研究所（Institut Manne Siegbahn）的岗位邀请。她最终决定流亡瑞典，因为她希望在那里参与建立核物理学部门。7月4日，情况出乎意料地更加严峻了。博施获悉，科学家们出境将受到更加严格的管控。由于瑞典无法直达，穿越荷兰边境就成了出国的唯一机会。

九年后，莉泽·迈特纳描述了她的流亡经历："荷兰的一些友好的同行为我申请了入境许可。一位荷兰同事——一个老朋友秘密来到柏林，带我通过了一个小的边境站。为了不引起怀疑，我在德国的最后一天一直待在实验室里，直到晚上8点还在修改一位年轻员工即将发表的论文。然后我仅有一个半小时的时间把我必需之物打包了两个小提箱。口袋里只揣着 10 马克，就这样和德国永别了。"[210]

迈特纳在哈恩家度过了最后一晚。他们还约定了一个暗语，用于向柏林的朋友们发送逃亡成功的电报通知。迈特纳在日记中简短地描述了改变她一生的 1938 年 7 月 13 日："平静地在火车站与科斯特见面；在荷兰纽沙恩茨（Neu Schanz）报关；晚上 6 点抵达荷兰格罗宁根（Groningen）。"[211]

将近 10 年后，她回顾自己的这段逃亡经历，评价道："我的逃亡之旅就像是一本传奇小说。"[212]

逃亡初始，莉泽·迈特纳住在位于格罗宁根的迪尔克·科斯特与米普·科斯特夫妇（Dirk und Miep Coster）家。7 月 28 日，她登上飞往哥本哈根的飞机后还一度担心途中会在德国迫降。[213] 最终平安抵达瑞典后，尼尔斯·玻尔和玛格丽特·玻尔（Niels und Margrethe Bohr）夫妇热烈欢迎了她。当她收到瑞典的入境许可后，迈特纳于 8 月初前往瑞典西海岸的孔艾尔夫（Kungälv）拜访她的朋友伊娃·冯·巴尔。1938年8月,莉泽·迈特纳终于到达了自己艰辛的流亡之旅的终点:斯德哥尔摩。

莉泽·迈特纳与艾娃·冯·巴尔－贝吉乌斯在孔艾尔夫。拍摄于1938年

起初,她住在"东方旅社"(Ästra),身边只有逃亡时能够带走的必需品。她最怀念的是她的书籍。[214]多年以后,莉泽·迈特纳才逐渐适应了这里的生活,但她从未在斯德哥尔摩真正感到过快乐。将近60岁的时候,她不得不离开与之共事并分享快

乐的人，离开那些她信任、挚爱并能听懂她语言的人。她不得不离开她的研究所、抛下一切工作资料和测量仪器、家具和书籍，远走他乡。但莉泽·迈特纳从未想过，如果当时在荷兰小型边境口岸纽沙恩茨（Nieuwe Schans）被捕会发生什么。她把自己的被迫流亡称为"我的离开"。[215] 然而，在莉泽·迈特纳在流亡期间所写的信件中，她反复提及自己所遭受的损失，绝望之情跃然纸上。

莉泽·迈特纳的信件节选

曾经深爱过的、给生命带来光、色彩和实质的一切，都已成为无法企及的过去。

致克卢尼·梅森海默（C. Meisenheimer）

1941年5月20日

我感觉自己有点像一个死人，发出的声音没人再能听得到。

致伊丽莎白·希曼

1939年6月1日

我如同鲁滨孙漂泊在科学的孤岛上。在我这个年纪,这是多么令人绝望的现实。

致伊丽莎白·希曼
1940 年 12 月 2 日

手边没有书可供翻阅,身边没有任何东西用着顺手,这给人带来的是一种无家可归的感觉。

致伊丽莎白·希曼
1939 年 3 月 15 日

没有工作是一种巨大的痛苦,这意味着我的生命毫无意义。

致伊丽莎白·希曼
1939 年 1 月 17 日

你再也不能对一个人说"你还知道吗"或"你还记得吗"。所有通向过去的桥梁都被切断了,孤独刺入骨髓。

致洛特·迈特纳 – 格拉夫(Lotte Meitner-Graf)
1942 年 6 月 29 日

踏上流亡之路 6 周以后，迈特纳做了一个重大决定：她请求威廉皇帝学会主席卡尔·博施（Carl Bosch）准许她退休。这意味着她在柏林倾注三十多年心血的科学工作在形式上宣告结束了。1938 年 8 月 24 日她写信给奥托·哈恩：

> 今天我所写的内容，将对我们两个人的生活产生很深的影响。昨天我向内阁顾问卡尔·博施主席先生请求退休。
>
> 我们不需要再谈论任何感性的东西，我们都知道这是什么感受。我今后一定会怀着感激和思念的心情，想起我们的友好相处、共同工作和在研究所的经历，但显然我再也不属于那里。现在回头去看过去的那几个月，我的离开看来也更符合员工们的期望……
>
> 我所写下的一切都已尘埃落定，在我的内心深处还不能接受这件事。但这就是既定的现实。
>
> 请尽快回信，并致以最亲切的问候。
>
> 你永远的莉泽[216]

1938年9月8日,威廉皇帝学会的总务处接受了莉泽·迈特纳的申请。但该机构向她指出:"根据法律规定,如果您搬到海外或长期居住在外国,将会中止发放您的津贴。如果津贴中止超过3年,所有待遇都将被取消。"[217]

为了掩盖迈特纳逃亡的情况,奥托·哈恩在研究所里告诉大家,迈特纳离开是因为必须去维也纳处理一些紧急的家庭事务。直到1938年8月末,他才通知大家迈特纳必须离开研究所,但对她逃亡的细节绝口不提。他写信给迈特纳说:"很多人非常难过,认为你的离开会给研究所抹黑。"[218]后来,哈恩无意中提到,一位同事问他,迈特纳"是不是失心疯"[219]。迈特纳担心自己的逃亡会被指责为叛逃,她在绝望中写了一封信给奥托·哈恩。她请求哈恩不要为她"举行仓促的告别仪式","……我没有做错任何事,为什么要漠视我的存在,或者像要把我活埋了似的……我已经没有未来,难道连我的过去也要一并抹除吗?"[220]

10月初,她接手了诺贝尔物理学研究所的工作。该机构1937年才刚刚成立,由曼内·西格巴恩领导。——日后,她对这一决定后悔不已。她的工作条件非常糟糕——不仅与柏林相距甚远,而且连那个时代的普遍标准都无法满足。仪器设备异常简陋。她写信给奥托·哈恩说:"西格巴恩的研究所设备异常匮乏,没有气泵、没有电阻器、没有电容器、没有安培计——可以说,没有任何可以做实验的设备。"[221]然而,她拒绝了前往剑桥工作一年的机会,也拒绝了像她的姐妹洛拉·阿勒斯(Lola Allers)、弗里达·弗里绍尔(Frida Frischauer)和她的兄弟弗里茨一样移民美国的机会。[222]

令人极度失望的是,西格巴恩根本不支持迈特纳的工作。"西格巴恩对核物理学完全不感兴趣……他的热情和才华集中在构建尽可能大和尽可能复杂的设备上。"[223]总体看来,她的境遇是比较糟糕的:她只拿到一个科学助理的薪水,没有实验人员,没有助理。她不能授课,也很少有机会进行专业方面的交流。

然而,也有一些时候,莉泽·迈特纳又会燃起希望。她逐渐建立起新的社交圈。1938年10月中旬，她给伊丽莎白·希曼写了一封信，信中言辞和缓："这里的人都非常友好，有些人甚至可以说心地善良。"[224] 特别重要的是，她结识了理论物理学家奥斯卡·克莱因（Oskar Klein）并在后来建立起了

卡尔·曼内·西格巴恩（1886—1978）于1937年至1964年担任斯德哥尔摩新成立的诺贝尔物理学研究所的所长，他对于在他所领导的机构中工作的莉泽·迈特纳给予的支持非常有限。照片拍摄于1936年前后

亲密的友谊。早在1921年，她就在隆德认识了他。"也许在与他的交往中，我会逐渐与科学建立起某种链接。"[225]

然而好景不长，压抑的情绪总是强烈地袭上心头。有时她几天都不和任何人说话。她向她的兄弟沃尔特写信说："……我……必须完成20年来我都没有碰过的细小工作。可惜的是，我既没有稳定的手，也没有一双好眼睛来做这些工作。我每天坐在这里做一些缝补和焊接的工作，觉得真是毫无意义……可惜我把一切都搞砸了，现在只剩灰心丧气；就算我曾经做出过一些成就，现在也只能算是个废人了。瑞典人太过注重外在事物，我在这里显得格格不入。"[226]

莉泽·迈特纳逃离德国后，奥托·哈恩在威廉皇帝研究所的地位也日益动摇。在纳粹分子看来，他在政治上是不可靠的；研究所的纳粹党员们在没有征求他意见的情况下就想要找人来替补迈特纳的教授职位。他写信给迈特纳说："现在时局动荡，根本无暇顾及科学。"[227] 他积极地帮忙寄回迈特纳的家具和个人物品，但在帮助迈特纳获得养老金一事上，还是失败了。他在自传中回忆说："1938年下半年，伊迪丝（Edith，哈恩的妻子）患病了，莉泽的事情也总是风波不断，我已经筋疲力尽。经常说着话就流下泪来，这让我非常尴尬。"[228]

铀的裂变

1938年7月10日，在莉泽·迈特纳被迫逃亡的前几天，迈特纳、哈恩和施特拉斯曼小组向《自然科学杂志》[229]寄去了他们最后一篇合作完成的关于寻找超铀元素的论文。这篇论文是迈特纳发表的第130篇论文。现在，只剩哈恩和施特拉斯曼继续进行这项研究工作。

与此同时，伊雷娜·约里奥-居里和保罗·萨维奇所领导的巴黎研究小组的工作也在继续，这自然与德国小组的工作形成了竞争关系。自1937年以来，他们与哈恩和迈特纳一直研究的是同一领域。两个研究小组自然都高度关注对方的进展。

1938年10月中旬，迈特纳已经身处斯德哥尔摩了。伊雷娜·约里奥-居里和保罗·萨维奇发表了一篇论文，引起了哈恩的惊呼："这位女士现在真的疯了！"[230] 法国研究小组报告称，在用中子轰击铀时，生成了裂变产物镧——这是一种比铀轻得多的元素。[231] 以人们当时对原子核结构的理解，根本无法解释这种现象。哈恩和施特拉斯曼对巴黎实验的解释是，在此过程中铀裂变成了稍微轻一点的镭元素。1938年秋季，当哈恩与玻尔、迈特纳和弗里施在哥本哈根一起讨论时，物理学家们对此提出了疑虑。[232]

回到柏林后，哈恩与施特拉斯曼再次进行实验。他们向含有假想中的镭的溶液中添加更多量的钡，这是一种行之有效的方法，可以分离出微量的放射性镭。在这个过程中，他们观察到一个异常的现象："出于某种原因，我们想将……添加的一部分钡分离出来，但这似乎并不顺利。"[233] 哈恩与施特拉斯曼可能是全球唯一能够解答这个谜团的研究人员，因为他们的技术和经验都是无人能比的。接下来的一系列实验最终导向了核裂变的发现。

1938年圣诞节前夕，莉泽·迈特纳和奥托·哈恩之间开始就无法解释的"超铀元素结果"频繁展开书信往来，这场思想上的碰撞快速而密集，因为当时在斯德哥尔摩和柏林之间邮寄书信只需要一两天。

1938年12月19日，哈恩写道："亲爱的莉泽……在此期间，我尽可能地投身工作，而施特拉斯曼则不知疲倦地研究铀结晶……现在已经晚上11点了；施特拉斯曼将在11：30回来，这样我就差不多可以回家了。事实上，在镭同位素方面，有些事情我们目前只能告诉你……这可能是一个奇怪的巧合。但是我们越来越倾向于一个惊人的结论：我们之前认为是镭同位素的核素实际上更像是钡的核素，而不是镭……也许你可以提出一些奇妙的解释。我们自己也知道，它实际上不能分解成钡……如果你能提出任何建议，那么这仍算是我们3个人的一种工作……请尽快回信。"[234]

在这封信中，奥托·哈恩继续保持他们惯常的合作方式，并将对物理实验的解释工作交给了迈特纳。他认为这样做，"对莉泽·迈特纳的态度会显得更为真诚，因为她离开了达勒姆，无法参与这个研究小组美妙的实验工作。此外，施特拉斯曼和我的研究是对之前与迈特纳共同开展的'超铀工作'的直接延续"。[235]

莉泽·迈特纳在两天后就回复了哈恩带来的令人激动的消息，但她的回复还是比较谨慎的："亲爱的奥托，……你们的镭结果令人非常惊讶……现在我还是很难接受裂变会以此种方式进行，但是在核物理学中，我们已经经历了太多意想不到的事情，所以我们不能轻易断言：这是不可能的。"[236]

寄出这封信的同时，一封来自柏林同事的信也正在路上。同样在 12 月 21 日，哈恩写道："亲爱的莉泽，……如果我们能够像以前一样一起进行我们的研究，那该多好啊。你可能会对我们如此大量的试验感到震惊，因为我们从来没觉得我们有时间对所有实验细节不厌其烦地进行测量。……根据我们的镭（Ra）证据，我们从化学家的角度得出结论：这 3 个准确研究的同位素不是镭，而是钡

（Ba）。……尽管这些结果在物理上可能看起来很荒谬，我们也不能视而不见。你看，如果你能指一条出路，那就再好不过。"[237]

在阅读这封信时，迈特纳"在震惊之余也非常不安。我太了解哈恩和施特拉斯曼的化学知识和技能了，所以我几乎不会怀疑他们那令人吃惊的结果

莉泽·迈特纳的外甥：奥托·罗伯特·弗里施（1904—1979）。拍摄于1938年

的正确性。我意识到这些结果打开了全新的科学大门——但我们在之前的研究中走了多少弯路啊。"[238]

迈特纳带着12月21日从哈恩处收到的来信前往孔艾尔夫探望她的朋友伊娃·冯·巴尔,她的外甥奥托·罗伯特·弗里施也受邀前往参加圣诞节活动。他回忆道:"当我在孔艾尔夫的酒店里度过第一

> 奥托·罗伯特·弗里施,1904年出生于维也纳,在维也纳学习物理。先是在柏林和汉堡从事研究工作,1934年起在哥本哈根成为玻尔的助手。1939年,他与迈特纳一起发表了有关哈恩和施特拉斯曼对铀裂变实验的理论解释。1939年移民英国,在那里与德国物理学家鲁道夫·佩尔斯(Rudolf Peierls)一起计算了铀的"临界质量",即引发铀链反应所必需的质量。他在1943年至1946年在新墨西哥州洛斯阿拉莫斯参加了美国原子弹项目的研究工作;1947年至1972年,他在英国剑桥大学担任物理学教授。他于1979年在剑桥去世。

个夜晚，走出房间以后，发现莉泽·迈特纳正在忙着读一封来自哈恩的信，信的内容显然让她忧心忡忡。我想跟她讲我正在准备的一项新实验，但她没有认真听。我也必须得读一读这封信。信的内容如此令人震惊，使我不得不产生强烈的怀疑。"[239]

有一次，迈特纳和弗里施在铺满大雪的森林里散步，讨论了哈恩和施特拉斯曼的实验结果。弗里施回忆道："我穿着滑雪鞋，而莉泽·迈特纳则向我证明了她步行前进的速度可以跟我一样快。"[240] 他们想一起从物理学的角度来解释这些不寻常的结果。迄今为止使用的原子核液滴模型[241]并不能解释为什么原子核可以分裂成两个部分。一定存在着一些强大的力量在阻碍着这种过程，就像普通水滴的表面张力防止它分裂成两部分一样。1933 年，迈特纳在她的课程中已经讨论过俄罗斯物理学家乔治·伽莫夫的液滴模型。[242] 要将原子核中质子的电荷也纳入考虑，姑妈和侄子由此扩展了受到广泛认可的模型。他们猜测，在一个巨大而不稳定的原子核中，强烈的排斥力可能会使原子核破裂。莉泽·迈特纳这样描述这个过程，首先核会被拉长,"形成一种'腰部',最终分裂成两个几乎同样大小,质量更轻的核。由于它们之间的相互排斥,它们会猛然一下相互飞散。"[243]

> **液滴模型**
>
> 在这个模型中,构成原子核的质子和中子被视为一种极密集的液体分子。就像水滴一样,表面张力将原子核保持在一起,并使它呈现圆形。

这两位散步者意识到,这些核裂变碎片在"飞散"时会释放出巨大的能量。根据弗里施的回忆,他和姑妈此时坐在一棵树干上思考这个问题。"然后我们开始在小纸片上计算,发现铀核的电荷实际上完全足以克服表面张力。因此,铀核确实像一个摇晃不稳的液滴,任何微小的干扰,如单个中子的撞击,都可能使其分裂成两部分。"[244]

根据爱因斯坦的公式 $E = mc^2$,他们估计释放的能量为 200 兆电子伏特。这个数字比化学反应释放的能量大出数千倍。

12月29日,迈特纳向哈恩报告说:"亲爱的奥托!……你们的镭－钡(Ra-Ba)结果非常令人兴奋。奥托·罗伯特和我已经绞尽脑汁地思考了这个问题。"[245]哈恩也进一步发展了核"破裂"的想法。12月27日,他又写了一篇文章,用以补充说明之前已经提交给《自然科学》杂志的一篇文章。他在其中阐述了核裂变的可能性。可惜,之前迈特纳向他提出这个想法的书面文件没有找到。隔天,也就是12月28日,他向迈特纳写信谈到他的"钡幻想":"亲爱的莉泽……铀-239有可能会分裂成一个钡(Ba)和一个锝(Ma)吗?……当然我非常想听听你的判断。"[246]

哈恩凭直觉得出了核裂变会分成两个碎片的结论。然而他在假设第二个碎片是锝方面犯了错误。在核裂变过程中,核电荷数之和必须保持不变,而不是哈恩认为的原子质量之和不变。这个错误使得包括爱因斯坦在内一些研究人员后来做出了不公正的评价,认为如果没有迈特纳的帮助,哈恩根本不会意识到自己发现了核裂变。[247]哈恩强烈渴望文章能够快速发表,这表明他非常清楚这些结果的非凡意义。此外,他还很担心伊雷娜·约里奥-居里夫妇会在巴黎抢先一步。

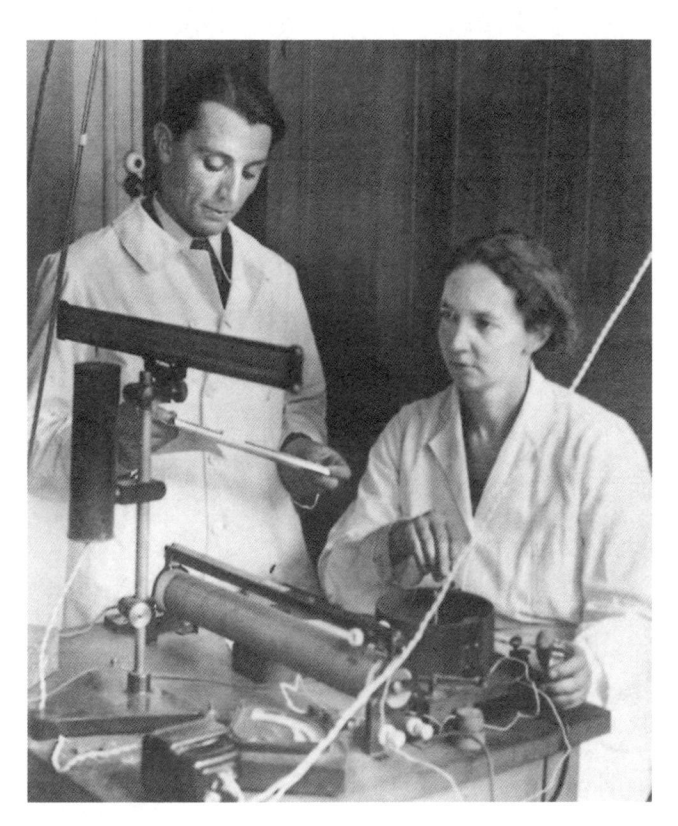

伊雷娜·约里奥-居里和弗雷德里克·约里奥-居里(Irène und Frédéric Joliot-Curie)夫妇在他们的镭研究所(Institut du Radium)中发现了人造放射性元素。拍摄于 1934 年

1939年元旦，莉泽·迈特纳收到了哈恩和施特拉斯曼发表论文的副本，随后与哈恩分享了自己的观点。她写道："亲爱的奥托，新年伊始，我的第一件事是给你写信。希望对于我们所有人来说，这都将是美好的一年。我们仔细阅读了你们的论文，我们认为让一个如此重的原子核产生裂变，这从能量上来说也许是有可能的。"同时，她也担心她与哈恩和施特拉斯曼之前的实验被错误地解读了："你知道，对于我来说，关于超铀元素是否正确的问题也有非常个人的一面，……如果超铀元素不存在，倒是更有利于你们自己去发现这种现象，而我则需要撤回 3 年的工作量。——这显然不利于我新的开始。"[248]

1 月初，弗里施"情绪激动地"回到哥本哈根。他说："我迫不及待地要和即将前往美国的玻尔分享我们的猜测（那时还不过是猜测而已）。"[249] 他向自己的姨妈报告说："我们的对话持续了不到 5 分钟，因为玻尔立刻就同意了我们的想法。他惊讶的是，他之前竟然没有想到这种可能性，而这又是从当前对核结构的设想中如此直接地推导而出。"[250]

莉泽·迈特纳不需要玻尔的"权威"来加以确认。对她来说，核裂变不再是一种"猜测"。1939年1月3日，即玻尔和弗里施进行谈话的同一天，她写信给哈恩说："我现在相当确定，你们确实已经实现了将一个核裂变成为钡元素的过程，我觉得这是一个真正美妙的结果。我向你和施特拉斯曼表示热烈的祝贺。……无论如何，你们现在有了一个广阔美丽的研究领域。你可以相信我，即使我现在手里没有任何成果，我仍然对这些奇妙的发现满心欢喜。"[251]

然而，迈特纳仍然担心自己的科学声誉受损。她小心翼翼地请求哈恩和施特拉斯曼是否可以在他们下一篇发表的文章中指出，如果没有针对所谓的超铀元素的先导工作"以及对化学和物理实验技术的制定，居里－萨维奇观测到的现象不可能这么快得到解释。但如果你们不想这样做，我也可以接受。"[252]

在斯德哥尔摩，迈特纳没有相应的设备。因此，她没有能力通过物理方式证明核裂变，尽管这种实验比哈恩和施特拉斯曼的化学分析要简单得多。在电离室中，可以通过容易测量的"轨迹"来检测核

核裂变的发现及其后续发展

1938年12月：哈恩和施特拉斯曼通过化学方法分离出铀裂变的裂变产物。

1939年1月：迈特纳和弗里施对实验进行了理论解释；弗里施在物理上证实了裂变；玻尔在华盛顿的一次会议上报告了核裂变的发现。

3月：巴黎的弗雷德里克·约里奥－居里和纽约的利奥·西拉德（Leo Szilard）证明，裂变中会释放足够的中子来引发连锁反应。

6月：西格弗里德·弗吕格（Siegfried Flügge）在柏林计算了核裂变释放的能量。

9月：尼尔斯·玻尔和约翰·A·惠勒发表了《核裂变机制》。

1942年12月：芝加哥的恩里科·费米成功地在反应堆中引发了第一个自维持连锁反应。

碎片。1月中旬，弗里施在哥本哈根成功地进行了这个实验。几乎同时，弗雷德里克·约里奥-居里在巴黎进行了裂变产物的物理检测。二者的实验是各自独立进行的。

1939年1月26日，玻尔在华盛顿特区的"美国物理学会"会议上报告了哈恩和施特拉斯曼20天前的工作，以及迈特纳和弗里施尚未公开发表的关于核裂变的物理解释。他的演讲引起了极大的轰动。听众席上的一些物理学家匆忙赶回他们的实验室[253]，并在短时间内也成功进行了核裂变的物理检测，其优势就在于他们比柏林的哈恩和施特拉斯曼拥有更强大的中子源。新闻媒体对此进行了详细报道，但玻尔的困难在于，他很难证明是弗里施首先提出了对核裂变的物理解释。在接下来的几个月里，玻尔与约翰·阿奇博尔德·惠勒（John Archibald Wheeler）一起提出了关于核裂变的完整理论。[254]

核裂变的研究以惊人的速度向前发展。甚至在发现的那一年，就已经发表了近一百篇科学论文。比起复杂的化学分析，物理实验可以更加简单和快速地进行。对此，哈恩在惊讶之余，也有些许失望。他写信给迈特纳："亲爱的莉泽，……你们如此迅速地设计和进行物理实验，以至于我们部分烦琐的化学实验显得根本没有必要。"[255]但是迈特纳安慰他说："亲爱的奥托，……你们辛苦的实验绝不是'没有必要'的；如果没有你们美好的结果——钡，而不是镭——我们根本就想不到什么。你无法想象，对我来说，做了几天看起来像真正的科学思考的事情意味着什么。……（弗里施的）反冲实验只证明了裂变的事实，但不知道它裂变成了什么。只有化学才能够证明，因此你们的每一个实验都非常重要。"[256]

哈恩和施特拉斯曼继续进行他们的实验。1939年发表的第二篇论文中，他们报告了另一个重要的发现：不仅可以用快中子裂变铀，而且还可以裂变产生较轻的元素钍（Thorium）。

哈恩在威廉皇帝研究所的同事和员工指责他，没有及时将导向核裂变的先期实验情况告知他们。哈恩和施特拉斯曼的论文发表后不久，物理学家戈特弗里德·冯·德罗斯特（Gottfried von Droste）和西格弗里德·弗吕格在1939年6月独立于迈特纳和弗里施之外计算出核裂变释放的能量，但没有提供任何关于该过程的物理解释模型。作为曾在迈特纳手下工作过的理论研究人员，弗吕格首先指出了在可控范围内利用核能的可能性。

与此同时，莉泽·迈特纳正在苦恼自己没有足够重视伊雷娜·约里奥－居里和保罗·萨维奇的实验结果。更让她沮丧的是，被迫流亡使她错过了关于核裂变这一划时代的重大发现，使她与哈恩和施特拉斯曼在1934年至1938年期间在柏林共同进行的实验显得毫无价值。此外，她的朋友伊娃·冯·巴尔告诉了她受聘于诺贝尔研究所的背后故事："西格巴恩当时根本不想要我。他说，他没有钱，只能给我提供一个工作岗位，仅此而已。"[257]

莉泽·迈特纳感到孤立无援，受到漠视。因为合作署名的细节问题，她和奥托·哈恩之间产生了误会，关系逐渐紧张起来。[258] 无论如何，哈恩在他关于核裂变的第二篇出版物的结尾明确指出，核裂变的转化产物之所以能够在如此短的时间内被检测到,他和施特拉斯曼都要仰仗于"之前与迈特纳一起进行的关于超铀元素和钍转化产物的系统性实验"[259]。

1939年2月,莉泽·迈特纳前往哥本哈根几周,用尼尔斯·玻尔研究所的新高压装置进行实验时,她的精神状态得到了改善。迈特纳和弗里施能够清楚地表明,最初被认为是"超铀元素"的物质实际上是裂变产物。[260] 这对迈特纳来说特别重要,因为通过自己的实验,她能够推翻先前对超铀元素实验做出的错误解释。虽然她已经预料到这个结果,但还是为三年来所做的工作终究白费而感到遗憾:"尽管我预料到了这个结果,但从感性上讲,这个发现还是让人感到遗憾。"[261]

然而,在哥本哈根逗留期间,她非常享受与玻尔夫妇在一起的时光:"……所有的人都很友善,我好像从内心的压抑中解脱了,那种无家可归的感觉也被抛到脑后。[262] 在哥本哈根的五周就像是上天赐给我的礼物。在那里,我又成为一个平等的人,沐浴在科学的氛围中。现在我还时常回味起那种感觉,可以说,这段经历令我毕生难忘。"[263]

1939年5月底,经伊丽莎白·希曼和奥托·哈恩之手,莉泽·迈特纳在近一年后收到了她的家具和被纳粹"清理"过后的藏书。她很伤心,因为家具受损严重,有的部分甚至已经破碎。[264] 但是,她还是尽可能修理了所有的东西,好像这样就可以从"过去的废墟"中挽救一些珍贵的回忆。最初萌生的与姐姐奥古斯特和姐夫贾斯汀尼安·弗里斯奇(Justinian Frisch)一起生活的愿望似乎变成了奢望。"奥古斯特和贾斯汀尼安与我是完全不同的人,我担心我们相处不来。所以,我们学会了对内心煎熬之事都闭口不谈。"[265]

前往哥本哈根、剑桥和芬兰的多个城市进行演讲时,莉泽·迈特纳重拾放松和快乐。她参观了哈维尔现代核物理研究所,与同事在曼彻斯特和利物浦见面。她通常会和兄弟姐妹们在伦敦共度圣诞节和复活节。1939年,她最喜欢的兄弟——工业化学家瓦尔特·迈特纳与维也纳著名摄影师洛特·格拉夫（Lotte Graf）结婚并移居伦敦。后来，她弟妹洛特·迈特纳-格拉夫的工作室为莉泽·迈特纳拍出了一些精彩的肖像照。

始终生活在一种陌生的语言之中 [266]

在瑞典，莉泽·迈特纳时常有孤立无援的感觉。其中一个重要原因就是，她觉得瑞典语"太难了"。尽管在弗里施的眼里，她的瑞典语掌握得非常好，[267] 但她还是觉得很遗憾，无法用这种语言准确地表达自己的感受[268]。流亡8年之后，她仍然向马克斯·冯·劳厄抱怨道："始终生活在一种陌生的语言之中，我不是指它的表达方式，而是思维方式。我在这里好像无家可归。我不希望您能体会我的感受，甚至不希望您能理解它。"[269]

在批评瑞典人时，莉泽·迈特纳经常带着不公正和严厉："瑞典人的特别天赋在于技术领域。……但是，他们其实并没有真正的艺术天赋。不管是在艺术、建筑还是科学领域，瑞典人总是追求不具有创造性的新颖事物，同时也表现出强烈的地方色彩。我这么说,希望您不会认为我是个极端苛刻的人。"[270]

在她的信件中,一遍又一遍地表达着对阳光和温暖的渴望。[271] "瑞典是一个气候恶劣的国家,其天气地貌也影响着当地人的生活。他们可能一直渴望着阳光……但人们内心其实更缺乏阳光和温暖"。[272]

她经常在瑞典的达拉纳(Dalarna)地区度假,从其度假见闻中可以感受到她内心的和解。她喜欢广

这是莉泽·迈特纳 1938 年流亡时带走的三张照片之一:移民前最后一次在奥地利蒂罗尔山区旅行时的照片。拍摄于 1937 年

衰而孤独的森林,喜欢在那里不受干扰地漫步数小时。"我……已经走过很多路,发现独处是一件美好而令人振奋的事情——在这种情况下,人并不感到孤单,相反,淹没在那些虽然友好但内心陌生的人之间,我会感到更加孤单,他们的观点也总是围绕着一种似乎不再真实的生活。"[273] 这个地区非常美丽,会使人联想到前阿尔卑斯地区(Voralpen)中一些非常迷人的山脉"。[274] 迈特纳最爱的是山,她喜欢登山。[275] "当我第一次看到海洋时,我还是强烈地渴望着高山"。[276] 流亡十几年后,她再次回到奥地利,看到那些真正的高山让她一瞬间如释重负。[277]

音乐抚慰心灵

1938年12月29日,她给哈恩写下了一段话:"音乐本身可以带给人们很多东西,给最苦涩的日常生活带来坚不可摧的价值。"[278] 当天她也向奥托·哈恩告知了她关于核裂变的重要思考。即使在她紧张的科学工作中,音乐也常伴其左右。在给马克斯·冯·劳厄的信中,她写道:"音乐实际上是唯一可以让人从严酷的现实中走出来的东西。当我听到喜欢的音乐时，我总是有一种深深的感激之情。您肯定听过舒伯特的歌曲《致音乐》吧。听到一个艺术家以如此美妙的方式表达自己对音乐的情感，而自己却找不到适当的表达方式，这难道不是很美妙吗？"[279]

莉泽·迈特纳每个月都会多次去听音乐会。她最喜欢的作曲家是海顿（Haydn）、舒伯特（Schubert）、莫扎特（Mozart）和勃拉姆斯（Brahms）。她写道："我一直深爱着勃拉姆斯，不仅喜欢作为音乐家的他，也喜欢作为人的他。"[280] 她每天都会听收音机，"有时听古典音乐，有时听一些比较现代的音乐。"[281] 在她 75 岁生日时，她特别高兴地收下了一个唱片机和两张莫扎特唱片，这是来自朋友们的礼物。

莉泽·迈特纳认为自己"在钢琴方面资质平平……"，她说："虽然我不是没有音乐天赋，但是……我没有任何再创作的能力。"[282] 她对演奏者的评价同样苛刻。光有好的或完美的技术对她来说并不足够。她要求"个性化的表达和内在的温暖"[283]。她认为："每个音乐家在演奏时都应该讲述自己的故事。"[284]

随着年龄的增长，迈特纳对巴赫（Bach）和亨德尔（Händel）产生了偏爱。"这一切是多么美妙而简单，使人不禁渴望这种简单。"[285] 她在谈论巴赫的《马太受难曲》(*Matthäus-Passion*) 时写道："以前，我在这个美妙的音乐作品中发现了很多令人聊以慰藉的东西。但现在，我总是想到，无论是从字面上去理解受难还是象征性地理解，我们都已经渐渐偏离了基督的救赎之路。"[286]

第二次世界大战

在核裂变的发现公布几个月后，希特勒于1939年9月发动了第二次世界大战。由于瑞典是中立国，迈特纳起初并没有受到直接的影响。但是，当德国军队在1940年春季占领了丹麦和挪威时，她恰巧在哥本哈根的尼尔斯·玻尔那里。清晨，她被德国飞机的引擎声吵醒。邮局、报社、广播电台和警察局都被德军占领，晚上还实行了宵禁。研究所的工作照常进行，只是研讨会和考试取消了。[287] 迈特纳可以毫无阻碍地回到斯德哥尔摩，但在斯堪的纳维亚邻国被占领后，她一直生活在恐惧中，担心德国人也会入侵瑞典。

1939年秋季，正值战乱，莉泽·迈特纳照顾了作为难民来到斯德哥尔摩的医生约翰娜·赫尔曼（Johanna Hellmann）。迈特纳帮助她克服了最初的无所适从，并向她提供了无微不至的帮助。[288] 然而，迈特纳特别担心留在德国的朋友们。由于邮政系统受到纳粹政权的审查，通信双方只能使用暗语，有时候会造成信息不明确。马克斯·冯·劳厄每周向她报告柏林的近况。有时候，他不得不传达一些令人悲伤的消息：我们共同的朋友，也是因为纳粹而暂停的《自然科学》杂

马克斯·冯·劳厄的照片，由洛特·迈特纳－格拉夫拍摄。照片上的献词是：献给尊敬的同事莉泽·迈特纳，纪念彼此间的友谊。拍摄于1937年9月

志的编辑阿诺德·贝利纳（Arnold Berliner）结束了自己的生命。她反复读到各种令人悲伤的消息，许多犹太熟人被盖世太保"接走"了。[289]

莉泽·迈特纳试图理解纳粹意识形态的起源。1940年，她写信给移居美国的朋友詹姆斯·弗兰克，信中写道："我想要深究这些像自然灾害一样不可避免的事件及其本质。这个过程中，痛苦已经深深地刻在我的心中，因为这些事件给无数人带来了巨大的痛苦和不幸。"[290] 通过深入阅读，特别是费希特（Fichte）的《对德意志民族的演讲》[291]，她在1946年得出结论："……历史学家、哲学家和政治家反复宣扬，德国人认为自己是被选中的民族，有权利用一切手段去征服'劣等民族'。最终，纳粹将这一思想付诸实践。"[292]

在艰难的时期，科学工作是莉泽·迈特纳的精神支柱，但她的科学研究仍然不尽如人意。来到瑞典两年后，诺贝尔研究所的工作条件几乎没有什么改善。虽然她想在西格巴恩设计的粒子加速器上进行实验，但这个设备始终没有投入运行。幸运的是，她与哥本哈根的尼尔斯·玻尔研究所一直保持着联系。她定期从那里获得放射性试剂,希望"可以进行一些有用的实验"[293]。尽管战争带来了重重困难,她仍然请求她在柏林的前同事们提供一些帮助。威廉皇帝研究所的机械师路德维希·吉勒(Ludwig Gille)为莉泽·迈特纳制作了一些测量仪器。为了不给迈特纳和哈恩带来危险,这些仪器被送到了曼内·西格巴恩研究所。[294]

从1940年起,迈特纳开始为生物学家们讲授课程,这为她提供了一个很好的"分散注意力"[295]的机会。一年后,当她作核物理学报告时,她发现很难"与听众建立起良性互动,几乎很难引导他们提出问题或开展讨论。部分原因要归结于瑞典人的心理,他们是内在拘谨和外表自信的矛盾集合体"。此外,这个国家在地理上的局促和有限的职位数量使每个科学家都更加注重自己的利益,"同行之间缺乏合作和彼此交流知识的习惯,这与在那些大国里的情况截然不同"。[296]但也存在例外,如年轻的物理学家西格瓦尔德·埃克隆德(Sigvard Eklund),他与迈特纳在短时间内就建立了亲密的友谊。[297]她认为他是一个"诚实和令人愉悦的人",他不遗余力地帮助她在瑞典生活得更加自如。[298]直到1942年年初,迈特纳才说起,"逐渐有年轻的研究所成员们与我建立了更为私人的关系"[299]。长期以来,她一直在寻找一个有经验的、会德语的助手,直到1943年7月,罗伯特·维斯特加德(Robert Vestergard)开始在她那里工作。特别是在实验工作方面,他给予了她很大的支持。[300]

在40年代,迈特纳主要研究了一些新的放射性同位素的性质,如铅、钍、铀和稀土等。[301]她知道,与柏林时期相比,这些研究已经不再处于研究前沿,但在现有的条件下,她仍然能够出色地完成科学工作。理论物理学家奥斯卡·克莱因让她得以密切关注到物理学发展的最新动向。此外,她与克莱因一起讨论有趣的认识论问题,并与他本人、他的丹麦妻子和6个孩子之间保持着亲密的私人关系。克莱因的家对于迈特纳来说"绝对算是非传统的类型"。[302]在这些年里,她与德国和奥地利朋友的通信逐渐减少。对德国纳粹历史的看法出现分歧后，这种疏离进一步加剧。1944 年，她抱怨道："老朋友变得如此遥不可及。在此期间，生活使太多事情逐渐停摆。书信联系是一个如此脆弱的替代品，对许多事情都必须保持沉默。我害怕的是，我们以后还能完全理解彼此吗？"[303] 她自称是一个糟糕的写信人："我是一个在很多方面都不善言辞的人，写作对我来说更加困难。"[304] 尽管如此，迈特纳仍然努力保持尽可能多的人际关系。她平均每天要写两到三封信，并经常在打字机前坐到深夜。

从 1942 年开始，盟军对德国城市的轰炸越来越频繁。迈特纳通过瑞典报纸了解到这些情况，并担心朋友们的生命安全。她提心吊胆地等待着消息。1943 年，她写道："有时候我会感到羞愧，因为在这里丝毫没有受到战争的恐怖影响，但内心却总是记挂着这件事，怎么也无法从中走出来。"[305]

在英国和美国，制造原子弹的研究已经开始了。1940 年，奥托·罗伯特·弗里施和移民英国的德国物理学家鲁道夫·佩尔斯向英国政府提交了一份备忘录——《关于利用铀的核链反应构建'超级炸弹'的建议》。这两位物理学家计算出，相比最初的估计，制造一颗炸弹所需的可分裂材料的数量要小得多。

关于莉泽·迈特纳是否得到过参与该项目的机会，目前没有明确的证据。根据弗里施的说法，她确实得到过这样的机会[306]，但迈特纳拒绝了。也许可以从迈特纳写给冯·劳厄的一封信中找到一个隐秘的证据。1943年4月20日，迈特纳说道，即将来拜访她的英国物理学家，"搞 X 射线的"威廉·劳伦斯·布拉格（William Lawrence Bragg）将邀请她参加一次具有"特殊"意义的晚宴。[307] 1943年年初，迈特纳意识到，"在德国，科学家们正在高度密集地研究铀问题。"[308] 她指的是建造一个反应堆，其中会发生链

莉泽·迈特纳。由洛特·迈特纳-格拉夫拍摄于 1943 年前后

式反应。

1943年10月，奥托·哈恩来到斯德哥尔摩做巡回演讲。对于他的来访，莉泽·迈特纳并没有多么兴奋，因为她担心哈恩会故意回避不愉快的事情。"我们第一次单独见面时，我还没有说一个字，他就指责我对德国朋友和他们的态度心存偏见。这当然令我非常惊讶。"[309] 在随后的交谈中，从前的同事们都坦率地交流了彼此的想法。"也许我有时固执己见地想要指出那些不合理的状况，这让他感到不太舒服。但我们已经在很大程度上达成了和解，即使再次分离，我们也深知我们之间的联系有多么紧密。"[310]

此次见面后，哈恩和迈特纳仍保持通信。从信件中可以看出他们对彼此间达成的理解感到释怀。她写信给哈恩说："我非常高兴我能够知无不言，并万分感激你为我腾出了这么多时间。我感到一切都轻松多了。那段美好的时光总令我心驰神往，一边做着令人满意的工作，一边被一群亲切友好的朋友们包围着。你和你的家人一直在我的生活中居于中心地位。"[311] 这封信令哈恩很感动。"他的反应让我确认了我们相

处中所起的变化，即我们可以再次真诚地交谈，所有的不满都敌不过我们长期的友谊。"³¹²

1944年2月，威廉皇帝化学研究所和莉泽·迈特纳自1938年起居住的研究所别墅遭到轰炸及持续破坏

1944年对莉泽·迈特纳来说是特别痛苦的一年。1944年2月11日夜间至12日，威廉皇帝化学研究所遭到轰炸。该研究所的一半被摧毁，其中包括莉泽·迈特纳和奥托·哈恩的工作室。许多有价值的设备都被炸毁了，尤其是与欧内斯特·卢瑟福之间宝贵的通信记录也毁于一旦。迈特纳在主任别墅曾经住过的房间也燃起了熊熊大火，烧得只剩下外墙。

随着盟军在法国发起反击，纳粹德国的失败已成定局。"我有点高兴，反击终于开始了。但我有点担心，如果德国人又一次身处绝境，他们还会做出些什么事呢。我现在非常想知道导弹（德国的V-1、V-2导弹）是否与铀弹有关。对此我持怀疑态度。另一方面，我知道主要从事相关实验的（威廉皇帝物理学）研究所已经从柏林迁到了德国南部，而该研究所并没有遭到轰炸。我一直在思考是否有可能造出铀弹，心里惴惴不安。"[313]

在1944年6月，她的教子汉诺·哈恩（Hanno Hahn）在战争中受了重伤。他失去了左臂，卧床数周。莉泽·迈特纳对此忧心忡忡，几乎无法思考其他事情。[314] 最让她震惊的是普朗克的儿子埃尔温（Erwin）被处决，原因是他与1944年7月20日行刺希特勒的暗杀者有某种关联。普朗克因此失去了他第一段婚姻中的第四个，也是最后一个孩子。

第二次世界大战结束后，纳粹所犯下的滔天罪行在欧洲已家喻户晓，莉泽·迈特纳写了一封绝望的信给奥托·哈恩。在她的遗物中有一份复印件，上面写着备注：一封未送达他的信。

> 亲爱的奥托，……你们也都为纳粹德国工作，从未尝试过任何被动的抵抗。当然，为了让自己摆脱罪恶感，你们曾在一些时候帮助过受迫害的人。数以百万无辜的人惨遭屠杀，你们却一言不发，袖手旁观。……近日听闻集中营里惨绝人寰的残忍行径，已经不是"可怕"二字能够形容。当我在英国广播上听到英美关于贝尔森（Belsen）和布痕瓦尔德（Buchenwald）集中营那些客观报道时，我放声痛哭，整夜无眠。[315]

她给住在美国的朋友詹姆斯·弗兰克写信说：

> 让我非常担心的是，即使是像哈恩和劳厄这样正派的人，似乎也没有完全理解发生了什么。唯一真正了解情况的是普朗克。1943年他在斯德哥尔摩时一字一句地对我说："我们做了可怕的坏事，在我们身上一定会遭到可怕的报

应。"他说了"我们"和"在我们身上";哈恩和劳厄则似乎只看到了德国的苦难和问题。我曾寄希望于这些正派的科学家们能够出具一份正式声明并离开纳粹德国,把该做好的事情做好。每每想起这些事,我都觉得很不幸。我确实爱德国,但德国也确实令我感到失望。就像一个母亲,她最喜欢的孩子却不争气。[316]

战后,有人指责哈恩是纳粹主义的追随者。对此,迈特纳予以坚决否认。[317]"哈恩一直是纳粹主义的反对者,我在1945年8月的一次全美广播采访中也非常明确地说过这一点。"……最后我想说:"哈恩绝对不是纳粹分子。"[318]

令她伤感的是,她与在德国的朋友们只能通过信件的方式讨论过去:"……每每在这样沉重的时局下想写点东西,都会感到一切都不对劲。……一旦脱离了纯粹的科学问题,就会涉及情感问题,这就好像在斯库拉和卡律布迪斯①(Scylla und

---

① 斯库拉和卡律布迪斯是希腊神话中的两个海妖,她们各守护着墨西拿海峡的一侧,不论选择哪一边来通过海峡都是非常危险。——译者注

Charybdis）之间左右为难。如果要阐明这些问题的客观方面，而自己并不是一个表达的大师（除了莎士比亚或歌德，还有谁呢？），那么你很可能只会凸显出情感因素。如果你有所顾虑，那就永远触及不到真相。然而，我还是相信，真相不仅仅存在于自然科学领域。就像歌德所说'世界永远明亮清澈，只是在眼睛中变浑浊了'。如果我们找不到那个清晰的世界，问题在于我们自己。"[319]

1945年8月6日，美国在广岛投掷了一枚铀原子弹，三天后又在长崎投掷了一枚钚原子弹。超过30万人因此丧命，无数人遭受辐射伤害。第一颗原子弹投放一天后，一位瑞典记者打电话给正在瑞典莱克桑德（Leksand）度假的迈特纳，告知了她此事。接下来的几天里，她所住的酒店被记者们围得水泄不通，他们试图拍摄她的照片。迈特纳想摆脱他们，但是这些摄影师一直跟着她，并且不顾她的意愿"拍了一些可笑的镜头"[320]。

她写给妹妹弗里达的信中充满了愤怒："大多数报纸不可思议地夸大和歪曲事实，我都快气病了。

1945年8月7日,莉泽·迈特纳在瑞典度假胜地莱克桑德得知了在广岛投放原子弹的消息

有多少愚蠢和不得体的话语被塞进了我的嘴里,而我并没有说过任何一句话。一些记者打电话给我,我告诉他们我一无所知,也无法提供任何消息,但他们还是刊登了虚构的长篇专访。也许我很幼稚,但老实说,我感到被泼了一身污水。"[321] 斯德哥尔摩的《快报》刊登了一篇名为《逃离的犹太人》的文章,文中指出:迈特纳带着制造原子弹的方法逃离了希特勒的魔爪,并将制造计划转交给了盟军。[322]

由此，迈特纳对媒体的不信任感愈发强烈。

尽管她的科学研究促进了核裂变的研发，但她并不觉得个人对开发出原子弹负有任何责任。"当时我自然不会知道我的纯科学研究会催生出炸弹。当我意识到这种可能性时，我非常希望它不会成为现实。现在，我只能热切地希望人们能够注意到这样一个可怕的毁灭性武器向他们发出的警示。如果能够正确理解它的意义，它可以成为一个强大的和平纽带。如果要防止灾难发生，就必须正确地理解它"。[323]

炸弹的破坏力并没有影响其制造技术对迈特纳以及其他物理学家带来的震撼力。1945年年初，她在给外甥奥托·罗伯特·弗里施的信中写道："在过去的两周里，我读了英国和美国关于原子弹制造技术的官方报告，你们所完成的巨大工作量令我折服。我注意到，这些报告有意写得不那么详细，但即使是能够读到的部分也足够令人震惊。"[324]

在20世纪50年代，莉泽·迈特纳多次谈到科学这把双刃剑："过去几年的发展为我所热爱的科学事业投下了一些阴影。而将卫星送入太空始终都是一项奇妙的成就；但在赞赏的背后，仍然存在着滥用的阴霾。科学本身并不是坏的，只是我们人类的劣根性罢了。"[325] 正因如此，她支持有效的国际核能控制，认为只有所有信息都公开透明的时候才可能实现这一点。"只有通过这些详细的知识才能判定利用原子能的设施到底是出于和平的愿景还是用于军事目的"[326]。然而，她只在私人圈子里发表这种言论。1955年她在写给安妮·薛定谔（Anny Schrödinger）的信中说："虽然我从未掩饰过我对战争和炸弹的厌恶，但我几乎从未公开发表过这方面的言论。"[327]

第 8 章
在美国担任客座教授

> 我也非常担心全世界的未来，如果我知道了做什么事能够使这个世界更加合理有序，我会放下所有的物理研究，立即投身于此。

1945年年底，经由詹姆斯·弗兰克、奥地利物理学家卡尔·费迪南德·赫兹菲尔德（Karl Ferdinand Herzfeld）和她的妹夫鲁道夫·阿勒斯（Rudolph Allers）的介绍，迈特纳应邀前往华盛顿特区的天主教大学担任客座教授。在那里，她将开设关于核物理学的系列讲座。迈特纳特别期待与她的姐妹罗拉和弗里达重聚。她也见到了外甥奥托·罗伯特·弗里施,他曾在洛斯阿拉莫斯研究中心参与美国原子弹的研制工作。

迈特纳准备了 36 场关于核物理学的英语演讲,但遗憾的是这些演讲从未印刷出版。在准备旅行时,她还要担心自己的着装是否得体。在这方面,她向自己的姐妹罗拉和弗里达寻求建议:"我喜欢穿得好一些……为了在更大的社交场合中更有安全感,必须在一定程度上保持自己的风格。"[328] 她有点虚荣地向弗里达保证说:"我不想给你丢脸,也不想看起来像一个萨克森的天气女巫①。就算人老了,穿着也要得体,不能有失风度。"[329]

1946 年 1 月 20 日,莉泽·迈特纳首先飞往伦敦。在那里,她见到了最年长的姐姐吉塞拉和最小的弟弟瓦尔特和他们各自的家人。姐姐吉塞拉一家已移民美国多年。"伴随我 8 年的飘零之感,在见到他们的那一刻消失了"。[330] 随后她继续前往纽约。飞越大西洋对于时年 67 岁的迈特纳来说并非易事。好在抵达机场时,她的姐妹和外甥向她表达了热烈欢迎。

---

① "天气女巫"最初指的是恶劣天气而臭名昭著的女巫。——译者注

但是,无数记者也等着要采访莉泽·迈特纳。蜂拥而至的媒体都想询问她在原子弹项目中的工作,这让她感到恐惧:"虽然我对所有真诚的友善感激不尽,恍惚间还是觉得自己好像走进了一个疯人院。"[331] 听闻有人想以她的生活经历拍摄一部电影,她在震惊中拒绝了。

突然受到如此的追捧令她茫然失措,但事情总有好的一面:迈特纳被美国记者评选为年度女性。25 年前,居里夫人也获此殊荣。她还获得了四所美国大学的荣誉博士学位。

"基督徒和犹太人全国会议"(Nationale Konferenz der Christen und Juden)表彰了她对核裂变的发现做出的卓越贡献。在颁奖仪式上,不仅强调了迈特纳的科学成就,也强调了她的犹太血统。一年前,在一篇关于原子弹诞生历史的文章中也强调了迈特纳的身世,这一点总会令她感到不适。1945 年 9 月,她写信给妹妹弗里达说:"如果美国的犹太人(从我的角度来看,应该说是犹太裔美国人)因为我是犹太血统而特别赞赏我,我会觉得自己像个骗子。我并不信奉犹太教,对犹太人的历史发展一无所知,对犹太人的感情并不比对其他种族更强烈。在我们如此渴望消除种族偏见的时代,犹太人自己却在竭力证明这种种族偏见,这多么可悲。"[332]

在美国物理学会组织的会议上,莉泽·迈特纳发现自己身边全是移民来到美国的科学家,她觉得

莉泽·迈特纳。拍摄于 1950 年前后

自己就像身处欧洲物理学家大会上一样："四面八方传来老同事的问候声，这让我简直不知所措。"[333] 在参观研究所时，"科学研究所涉及的范围之广"[334] 令她印象深刻。"然而，我几乎无法在这些研究所看到什么，因为所及之处几乎都在从事或将要从事军事工作，所有事情都是保密的。"[335]

她行程满满，包含了一系列邀请和招待会。她对其中大多数活动都感到很满意。在一次小型鸡尾酒会上，她遇到了美国原子弹项目的领导者格罗夫斯将军（General Groves）。在白宫，她是总统杜鲁门的座上宾。一如既往，她对东道主的评判也显得有些尖刻："美国人非常友善，但也非常天真。……当然，我遇到了许多有趣的人。在妇女新闻俱乐部的晚宴上，我坐在杜鲁门和哈利法克斯夫人（Lady Halifax）之间，我很快发现后者比杜鲁门更有趣。杜鲁门本人很友善，有着典型的美国人那种随随便便的性格，但他不管怎么说也是一个强势的人物。他让我几乎惊掉下巴，他的夫人更是让我惊讶不已——对比看来，罗斯福的去世对整个世界来说堪

莉泽·迈特纳与美国总统哈里·杜鲁门在白宫，1946 年 2 月

称一场巨大的不幸事件。"[336]

尽管忙于各种活动，她也没有忘记在德国和奥地利那些受苦的朋友们。她在给马克斯·冯·劳厄的信中写道："每当我有机会受协会邀请发表演讲时，我都会说，我们有责任尽全力帮助德国。不止一次有人回呛我：'你忘了那些被毒气杀死的数百万人了吗？'当然也有很多人承认，一桩不公正的行为不能通过另一桩不公正的行为来弥补。"[337]

迈特纳自移民美国以来第一次有机会参与科学和

政治方面的讨论，并有人需要她发表意见。她对世界政治议题的浓厚兴趣在给詹姆斯·弗兰克的一封信中表现得淋漓尽致："我也非常担心全世界的未来，如果我知道了做什么事能够使这个世界更加合理有序，我会放下所有的物理研究，立即投身于此。"[338]

1946年5月底，莉泽·迈特纳乘船返回欧洲。回首在美国的岁月，她深觉这是一段充实的时光。在这段时间里，当初在斯德哥尔摩的孤独和漂泊之感似乎少了很多。

第 9 章

迟到的认可

如果有哪个奖项能让我高兴,那肯定是这个奖项(即马克斯·普朗克奖,是为了表彰那些没有获得诺贝尔奖,却具有深远影响的物理成就的科学家)。

1946 年,奥托·哈恩获得了诺贝尔化学奖。对于莉泽·迈特纳来说,这并不是一件令人惊讶的事。早在 1944 年,她就知道哈恩被提名了该奖项,但受困于 1937 年以来德国法律的限制,他不能接受该奖项。"毫无疑问,诺贝尔化学奖对于哈恩来说实至名归。但我相信,弗里施和我对铀裂变过程的解释做出了不可忽视的贡献——这个过程是如何发生的,以及它与巨大的能量释放有关,这些都与哈恩关系不大。"[339]

对于迈特纳本人未获奖的事,从她本人那里很少听到她有什么微词。10年后,她回顾往事,写信给詹姆斯·弗兰克:"如果把诺贝尔奖看作物质帮助,没有获得这个奖并不会让我特别失望,我真的已经很多年没有想过它了。无论如何,如果不算上奥托·罗伯·弗里施一起的话,我也不会想要它。所以你可以肯定,这完全不是什么难言之痛。"[340]

根据迈特纳的印象,哈恩在1946年12月斯德哥尔摩举行的诺贝尔奖颁奖典礼上对迈特纳所做的工作和与他之间的私人友谊闭口不谈。迈特纳对此深表失望。"……他用尽全力掩盖过去发生的事。尽管他真的一直憎恨和鄙视纳粹,但他的第二个主要动机是让德国恢复国际声誉,而他既没有一个强大的性格,也不是一个深思熟虑的人,因此他要么否认所发生的事情,要么将其轻描淡写。……由于我是被压制的过去的一部分,哈恩在任何采访中都没有提到我们多年的合作，甚至我的名字都成了禁忌。不断有人愤怒地询问我哈恩这么做的原因。"[341]

1948年，哈恩对于莉泽·迈特纳单方面的指责进行了反驳，他并非没有在报纸采访中提及过她。他向她引用了自己在接受一家瑞典报纸采访时说过的话，即"我们——迈特纳教授和我，共同工作了多年，物理学和化学之间的这种合作可谓是双剑合璧，富有成果。"事实上，在1946年12月6日的《莫尔贡日报》(*Morgon Tidningen*)上有一篇关于奥托·哈恩的采访，文中的一个小标题就是："与莉泽·迈特纳之间极富价值的合作"[342]。在这次采访中，他也提到了施特拉斯曼。[343]

在1946年12月13日的诺贝尔获奖致辞中，哈恩提到了迈特纳在核裂变解释中所做出的贡献："在第一篇关于铀生成钡的文章发表后不久，迈特纳和弗里施就发表了一篇论文，利用玻尔的原子核液滴模型解释了中重核的裂变可能性……。迈特纳和弗里施同时对这个反应中预计将会获得超高能量进行了估算。"[344] 迈特纳向弗兰克报告了哈恩的诺贝尔获奖词中的内容："这听起来有点次要（就像克莱因后来告诉我的那样），原因在于哈恩没有真正理解物理学的基础知识，而且也没有正确地回忆起细节。例如，他将通过缓慢中子裂变 U-235 的发现归功于美国人，并且在整个演讲中都没有提到玻尔的名字。这当然不是有意而为之。他作为一名化学家的成就并不会因此减少。在他离开前，我提醒他演讲中关于玻尔的错误大约花了 15 分钟的时间……，然后我们匆匆修改了他演讲的手稿。"

毫无疑问，哈恩是一个正派的人，具有许多可爱的品质，只是缺乏思考能力和某种坚强的性格。在正常时期，这些都只是美中不足，但在目前这种复杂的时代背景下，它们却具有更深远的意义。[345]

1946 年，奥托·哈恩具有提名诺贝尔奖候选人的权力。但他没有支持迈特纳，而是首先提名了德国物理学家瓦尔特·博特（Walter Bothe）。[346] 奥托·哈恩把他的诺贝尔奖奖金分给了迈特纳和施特拉斯曼。[347]

诺贝尔委员会会议上到底讨论了什么？1996

年开始,保密期满 50 年后,其具体内容才公之于众。[348]1945 年,奥斯卡·克莱因、尼尔斯·玻尔和詹姆斯·弗兰克强力支持莉泽·迈特纳。他们认为,1946 年应该颁发两个关于核裂变的奖项:诺贝尔物理学奖授予迈特纳和弗里施,诺贝尔化学奖

莉泽·迈特纳与她最喜欢的弟弟瓦尔特·迈特纳以及外甥奥托·罗伯特·弗里施在伦敦,1948 年。照片由洛特·迈特纳 – 格拉夫拍摄

授予哈恩。然而，在一次表决投票中，他们的提议以微弱的劣势失败了。接下来的两年里，迈特纳和弗里施也获得了诺贝尔奖提名，但最终都没有成功获奖。[349] 相比之下，化学家弗里茨·施特拉斯曼得到的关注更是少得可怜，他完全被奥托·哈恩的光芒掩盖住了。[350]

在莉泽·迈特纳的同事中，对于她是否应该获得诺贝尔奖存在不同的意见。詹姆斯·弗兰克认为，"狭隘的西格巴恩"对迈特纳未获诺贝尔奖要负很大的责任。[351] 同时，阿尔伯特·爱因斯坦、马克斯·普朗克、尼尔斯·玻尔、马克斯·冯·劳厄和奥斯卡·克莱因都支持莉泽·迈特纳获奖。然而，贝尔塔·卡利克（Berta Karlik）则持有另一种观点。作为维也纳镭研究所的主任，她与莉泽·迈特纳相识多年，但她认为："由于我当时对柏林的研究进行了深入的追踪，与哈恩和迈特纳本人都很熟悉，有着友好的交往，我个人认为应该把得发现核裂变归功于哈恩一个人。"[352] 同样，曾作为她短期助手的卡尔-弗里德里希·冯·魏茨泽克（Carl-Friedrich von Weizsäcker）也反对授予莉泽·迈特纳这一荣誉。他说："我不认为我们（在英格兰霍尔农场监禁的科学家中）当中有任何人认为哈恩和迈特纳应该获得诺贝尔奖，尽管我们非常尊重莉泽·迈特纳。"[353]

在战争结束后不久，迈特纳已经66岁了，瑞士物理学家保罗·舍雷尔向她提供了一个在苏黎世的长聘职位。1946年1月，她拒绝了这个职位，因为瑞典原子能委员会邀请她在斯德哥尔摩的皇家理工大学建立一个核物理系。因此，她在1947年年初离开了西格巴恩的诺贝尔研究所。然而，在面对这个新任务时，她的资源却十分有限。她的这个小系所只有3个房间，里面有3个助手和一个实验室技术员。[354] 她等了将近一年才获得承诺的研究教授职位。[355] 她再一次陷入失望，她怀疑"在瑞典这种特殊的环境下"[356]，以她现在的年龄做这项工作是否有意义。

1947年12月，弗里茨·施特拉斯曼邀请她担任美因茨马克斯·普朗克研究所的物理所主任。她回答道："我要真诚地说，如果这个邀请不是您发出的，我可能真的只能以一个'不'字来回应。尽管我对我曾经的工作领域仍万分渴望，但这个领域还剩下什么呢？年轻一代人的想法又是怎样的呢？再加上我既没有天赋，也没有试图逃避了解那些令人沮丧的事情。我非常关注希特勒体制下发生的一切可怕的事情，并试图理解它们的原因和影响，这意味着我今天可能与大多数德国朋友和同事相比对某些问题有不同的看法。我们能够相互理解吗？人与人之间的相互理解难道不是有效合作的前提吗？我不是怀疑您，但这显然还不够。"[357] 她决定拒绝美因茨的职位。

1948 年，莉泽·迈特纳正值 70 岁，成为第一位入选奥地利科学院海外通讯院士的女性。玛丽·居里和她的女儿伊雷娜一直未能获得法国科学院的这一荣誉。在维也纳，"仍然有一些'固执己见的人'不希望女性加入这样的团体"，斯特凡·迈耶对他从前的女学生迈特纳说，"听到下面的话您可能会高兴，在我们的数学自然科学组别里，只有一个人弃权，而所有其他人都投票支持您。"[358] 已经成为全部三家瑞典科学院成员的迈特纳对此感到非常高兴，毕竟这项荣誉来自她的家乡维也纳。[359]

一年后，她获得了马克斯·普朗克奖章。她自豪地写信给马克斯·冯·劳厄说："如果有任何奖项能让我高兴，那肯定是这个奖项。"[360] 在她看来，这个奖项是为了表彰那些没有获得诺贝尔奖认可，却具有深远影响的物理成就。[361]

1955年，她获得了奥托·哈恩化学与物理奖。获此殊荣，她的心情一开始极为复杂。最终，她前往德国领取奥托·哈恩奖章。两年后，她被授予德意志联邦共和国科学和艺术功勋勋章。1959年，一座新建的研究固体结构和材料的研究中心在柏林成立，名为"哈恩-迈特纳研究所"。

"思想和爱永存"[362]

与移居美国后再也没有踏上德国土地的爱因斯坦不同，而莉泽·迈特纳多次返回德国。每每触碰自己在"德国的过去"，她都小心翼翼，倍感痛苦。战争结束后的最初几年，她没有"勇气"去访问德国。[363]与哈恩和希曼在伦敦会晤后，她认为"彼此之间暂时还欠缺真诚的交流"。因此，她在1947年拒绝了前往哥廷根的邀请。"……正因为我如此依恋他们所有人，我才不想冒险。在目前的空虚中，我至少想保留美好的过去。"[364] 1948年4月，她决定前往哥廷根参加马克斯·普朗克的追思会。"再次来到德国，她感到万分激动，并与哈恩一家、劳厄一家以及其他人交谈。"[365]一年后，她再次感到"尽管内心抗拒，但我还是如此紧密地与德国联系在一起。"[366]

1950年，移民12年后，她首次回到了她的祖国奥地利。"但是令我惊讶的是，尽管充满了令人沮丧的印象，我仍然感到非常幸福。维也纳永远留在我思想和感情的最隐秘之处，在那里有我的青春岁月。"[367]在接下来的几年里，她多次回到维也纳。她旧时的老同事和朋友们"非常友好和可爱，他们尽可能让我感到美好，令我始终深受感动。[368]春日的天气很好，一些果树已经开花了，我受到了来自各方的友好接待，简直是溺爱，以至于一种感觉浮上心头，觉得自己是属于这里的熟人和同事圈子的人。"[369]

迈特纳通常在奥地利山区度假。"我几天前从蒂罗尔（Tirol）回来，在那里精神很放松，并度过了一段异常美好的时光。欣特图克斯（Hintertux）海拔 1500 米，爬到 1000 米时就会有一种特别的乐趣，也能获得小小的满足，因为这对我来说并非难事。奥地利山区是我真正的家园，周围的乡音令我特别感到安心。"[370] 每年，科学家们也在她所钟爱的山区会面，参与阿尔卑巴赫（Alpbach）欧洲论坛。1952 年 8 月，莉泽·迈特纳参加了该论坛："……我见到了许多老朋友……；我已经很多年都没有在一个科学家圈子里产生这样的归属感了。"[371]

1953 年，经过 15 年的流亡，她再次回到柏林，受到劳厄夫妇细心照顾。对于莉泽·迈特纳来说，对 30 年来的成果和多数幸福时光的回忆都变得有些苦涩："与达勒姆的重逢让我感到有些不安。我曾经居住的别墅变成了一个空旷而杂乱的地方。我走过了我们的研究所，许多物理实验室都被炸毁了，一切都今非昔比……可以说，走过这段路就是走过了自己的过去，而那里俨然已是一片废墟。要不是对那些美好的、令人难以置信的维也纳时光还念念不忘，回味无穷，那达勒姆给我的印象可能会令我的心情更加沉重。"[372]

与威廉皇帝研究所的前同事们重逢是开心愉快的。柏林《每日镜报》的一名女记者描述了这一场景："'教授，难道您不认识我了吗？'有一个人说，'我当时是研究所的信使。'她认识他。她认识每一个人，不仅如此，她还记得同事们的太太，询问了他们儿子的工作情况，女儿的婚姻情况。[373]

即使在瑞典流亡十几年后，迈特纳仍然不能摆脱其茕茕孑立的孤立状态。1951年，她在日记中简短地写道："死亡并不意味着什么。选择不活才是可怕的。[374]"她经常会有情绪低落的时期，也会有接受自己命运的时刻。"也许丰富的生活和简单的生活是玻尔式的互补性概念。它们并不互相矛盾，但它们互相排斥——除非你是歌德。"[375]尽管迈特纳过着"类似修道士的生活，但这就是瑞典生活的常态，也符合我的年龄。歌德有一首非常美丽的诗，一位老人在看到岁月带走他的一切之后说道：'我很满足，思想和爱永存。'我也是这么想的"。[376]

1951年，她与年轻的物理学家们在海德堡会面。她高兴地发现，年轻一代对于德国过去的看法与她自己更为相似，而不像哈恩和劳厄那样。"年轻一代没有刻板观念，并不认为一旦承认那些不好的事情，就是背叛了德国"。[377]

再次见到哈恩和劳厄让她"充满真诚的喜悦"。然而，在这些会面中，她小心地避谈政治话题，因为"战后几年中，我认识到这种讨论是无意义的"[378]。基于这种立场，她可以在奥托·哈恩的75岁生日之际真诚地说，她"很高兴有机会表达对哈恩的高度赞赏，并永远珍视彼此间的友谊"。[379] 在她80岁生日之际，奥托·哈恩通过美国占领区广播电台（Rias Berlin）为她发表了一篇电台演讲，以此向她致敬。在她的感谢信中，迈特纳写道："我的内心完全软化，这意味着即使饱经沧桑，友谊也可以长存！"[380] 她猜测，之所以收到联邦总理康拉德·阿登纳（Konrad

Adenauer）和联邦总统特奥多尔·豪斯（Theodor Heuss）的祝贺电报，背后的推手也是哈恩。在她

1959年，奥托·哈恩和莉泽·迈特纳在柏林哈恩－迈特纳研究所的开幕式上

82岁搬到剑桥之前不久,应哈恩的请求,她寄给了他一些自己流亡初期旧信件的复印件。"在阅读这些信件时,我惊讶于自己那时就深深意识到,这段时间是多么困难,我们经常彼此之间想法不一致;希望你像我一样已经忘记了那些事。"[381]

1953年年底,莉泽·迈特纳感到自己年龄太大,精力不济,无法承担教育年轻人的责任,[382]因此不再承担在皇家理工大学的应用实验课程讲授工作。西格瓦尔德·埃克隆德(Sigvard Eklund)为莉泽·迈特纳在皇家工程科学院提供了一间"老年活动室"。在奥斯卡·克莱因的帮助下,尽管年事已高,她也努力跟上理论物理学新的科学发展步伐。

退休后,她花了更多时间听音乐。根据她的访客留言簿,她也经常接待访客。[383] 特别让她高兴的是她侄子弗里施与来自维也纳的平面设计师乌拉·布劳(Ulla Blau)结婚的消息。当弗里施写信告诉她关于孩子的事时,她高兴的"像一个激动的祖母"[384]。此外,她还照顾年轻的物理学家赫尔穆特·赫尔兹(Hellmuth Hertz),他被从美国的战俘营中释放出来并在瑞典扎下根来。

然而,她的身体逐渐衰弱。她一生都是个资深烟民,77岁才开始努力戒烟。"我非常自豪,自从1月22日以来我没有吸过一支烟。但我知道,我并没有真正戒烟。有时我会非常想抽一支烟,但如果我重新开始,我很可能没有坚韧的意志力控制在合理的限度内。所以,最后我想说的是,这是一种性格缺陷,我却以此为荣。我们人类总是奇怪的生物。"[385]

1955年春天,迈特纳的柏林女管家安琛(Annchen)决定回到德国,她是在1951年跟随迈特纳前往斯德哥尔摩的。突然失去了这个家务帮手,她感到很不适应。"我为此感到羞愧,并觉得自己很无能。"[386]

在剑桥的暮年

> 我一次又一次地得出这样的结论:一定要过简单而精彩的生活。而这个愿望已经在我身上实现了。[387]

82岁时，迈特纳开始了一次新的冒险旅程；她搬到了剑桥，想在那里度过自己的晚年，这样也可以离弟弟瓦尔特和弗里施家更近一些。她希望和弟弟住在相邻的公寓里，但这个愿望没有实现：她到达剑桥几个月后，瓦尔特·迈特纳去世了。

1963年，迈特纳最后一次前往维也纳。在西格瓦尔德·埃克隆德的邀请下，她在维也纳的乌拉尼娅（Urania）回顾了她的一生。渴望充实而有意义的简单生活，这一主题贯穿于她一生中。半个世纪前的1913年除夕夜，她写道："人生最美好的事情莫过于不让生命白白流逝，尽管这并非易事。"[388] 1945年，她又写道："回想起来，我有很多值得感激的事情。我过着充实的生活，周围都是有趣和高尚的人，去过很多美丽的地方，有几个可以依靠、非常亲近的人。当然，过去几年的无妄之灾给许多人带来了沉重的打击……但我们必须静待时机。"[389] 在85岁时，她总结了她的一生："生活并不总是一帆风顺，第一次世界大战和第二次世界大战造成了许多困难。但对于我满满当当的人生来说，我时常想感谢物理学的奇妙发展以及我在物理工作中接触到的伟大而可爱的人物。"[390]

1966年,莉泽·迈特纳、奥托·哈恩和弗里茨·施特拉斯曼一起获得恩里科·费米奖（Enrico-Fermi-Preis）——这是核物理领域的最高荣誉。她身体太虚弱,无法参加颁奖典礼。因此,该奖项由多个超铀元素的发现者格伦·西博格（Glenn

---

迈特纳的那些"坚如磐石的朋友"

尼尔斯·玻尔

玻尔是那样的人,他的存在就是上帝的恩赐。每个与他接触的人都会被提升到更高的层次去。

致安妮·薛定谔

1945年10月22日

詹姆斯·弗兰克

很少有人让我觉得有和他那样紧密的联系,我们之间的友谊根深蒂固,毋庸置疑。

致L. 利斯克（L. Lisco）

1949年1月20日

马克斯·普朗克

他的友谊是命运赠予我的最好的东西,并一直伴随着我的整个人生。

致安妮·薛定谔

1944 年 9 月 28 日

……很少有像普朗克那样的人,我对他唯有无条件的仰慕和自然而然的信任。

致马克斯·冯·劳厄

1947 年 10 月 11 日

莉泽·迈特纳的最后一次公开亮相:格伦·T. 西博格(Glenn T. Seaborg)(右)于 1966 年 10 月 28 日授予她恩里科·费米奖(左:奥托·罗伯特·弗里施)

莉泽·迈特纳。由弗利茨·埃申（Fritz Eschen）拍摄于 1958 年 11 月

Seaborg）在剑桥向她颁发。

在她去世前一年，也就是她 89 岁生日那一天，她获得了奥地利科学家最重要的荣誉：国民科学和

艺术荣誉勋章。

她生命的最后几个月是在一家养老院度过的。弗里施和他的妻子经常去看望她。她变得越来越虚弱，对外界的反应也越来越少。"莉泽姨妈的情况还不错，只是有点累，大部分时间都坐在椅子上。但她没有疼痛或不适的感觉，如果有人和她聊天，她会很高兴。"[391]

1967 年，莉泽·迈特纳的妹妹弗里达去世，莉泽成了 8 个兄弟姐妹中最后还在世的一位。1968 年夏，奥托·哈恩去世，弗里施向莉泽·迈特纳隐瞒了这个消息。3 个月后，莉泽·迈特纳也去世了。1968 年 10 月 27 日，奥托·罗伯特·弗里施给他在维也纳的导师卡尔·普兹布拉姆写信说："很不幸，我今天要报告莉泽·迈特纳去世的消息。……今天早上，医院打来电话，说她在午夜后不久就安静地离开了。"[392] 按照她的遗愿，莉泽·迈特纳被安葬在剑桥附近的布拉姆利小村庄的墓地中，她的弟弟瓦尔特长眠在侧。

在逝世前的两年，莉泽·迈特纳在接受恩里

科·费米奖时所说的感言就像她留给世界的一份遗愿:"由于我们仍然坚守着不复存在的旧基础,一切都变得如此困难。政治和艺术面临的处境也是如此。到处都是寻找新的基础,新的表达方式,缺乏相互理解和交流的意愿……我们正在缓慢地学习。即使我无法亲眼见到,但我还是相信,未来必将诞生一个理智的世界。"[393]

注释

以下绝大部分出版物都附上了作者名和书名大标题,完整名称见参考文献。此外还使用了下列缩写:

BiogrMem.: O. R. Frisch, in: Biog. Mem. Fell. Roy. Soc. London

DictSc: Gillespie: Dictionary of Scientific Biography

KarlikGed.: Karlik: Gedenkworte für Lise Meitner

KarlikNach.: Karlik: Nachruf für Lise Meitner

MLeb: Otto Hahn:Mein Leben

PrzEr: Przibram: Erinnerungen an ein altes Physikalisches Institut

LemmKern: Lemmerich: Entdeckung der Kernspaltung

ORFrisch: Frisch:Woran ich mich erinnere

Sigel der edierten Briefwechsel s. Literaturangabe, Punkt 3; dort die Auflösung der Sigel für Archive.

所有的译文出自两位作者。

1. L. M. an B. Karlik, 26. 6. 1951, ARAD-ÖAW

2. L. M. an I. Weitsch, 9. 11. 1955, MTNR, KarlikNach. S. 345

3. L. M. an A. Meitner, 24. 3. 1940, MTNR

4. Dietmar Grieser: Köpfe. Wien 1991, S. 117

5. G. Lion an W. Meitner, ohne Datum, MTNR

6. Ebenda, S. 10
7. Ebenda, S. 11
8. Ebenda, S. 1
9. Ebenda, S. 16
10. Studienerlaubnis für Philipp Meitner der jurid.-pol. Fakultät der Universität Wien vom 29. 12. 1862, MTNR
11. DictSc, S. 260; BiogrMem., S. 420
12. G. Lion an W. Meitner, ohne Datum, S. 2 und S. 3, MTNR
13. 登记在维也纳I区的以色列礼拜堂社区的出生登记簿中，是第1878号。奥托·罗伯特·弗里施在其著作中提到莉泽·迈特纳和她的7个兄弟姐妹受洗为新教徒，但这是不正确的。
14. Israel. Cultusgemeinde, Wien I, Seitenstettengasse, Eintrag: 29. 9. 1908
15. Archiv der Israel. Cultusgemein-de, Bauernfeldg. 4, 1190 Wien, Eintrag 29. 9. 1908; Evangel. Tauf-schein vom 29. 9. 1908, MTNR
16. Taufmatrikel der Dompfarre St. Stefan Wien, 22. 3. 1908
17. G. Lion an W. Meitner, ohne Datum, S. 13, MTNR
18. Ebenda, S. 15
19. Ebenda, S. 16
20. L. M. an T. Heuss, 11. 6. 1957, MTNR
21. BWMLaue, S. 103
22. L. Frischauer an O. R. Frisch, 17. 3. 1969, MTNR
23. U. Frisch an A. Winter, 8. 11. 1968, MTNR
24. G. Lion an W. Meitner, ohne Datum, S. 3, MTNR
25. L. M. an Frau Pimpel, 30. 9. 1945, MTNR
26. BiogrMem., S. 405
27. DictSc, S. 260
28. L. M. an Frau Pimpel, 30. 9. 1945, MTNR
29. Frida Frischauer: Hi-Jinx Woman of the Week Programme. National Broadcasting Corporation, 13. 12. 1949

30. E. Schiemann: Freundschaft mit Lise Meitner. In: Neue Evangel. Frauenzeitung 3, Heft 1 (1959), S. 5
31. 莉泽·迈特纳的1889/1890学年成绩单，来自维也纳II区策尔宁广场的市民学校
32. G. Lion an W. Meitner, ohne Datum, S. 14, MTNR
33. Ebenda, S. 17
34. Ebenda, S. 2 u. S. 3
35. L. M. an B. Karlik, 24. 8. 1950, ARAD-ÖAW
36. Beschluss des Gemeinderates, Magistrat Wien, Ausschuss 7, vom 10. 5. 1922, Z717 / 22, MTNR
37. B. Karlik: Lise Meitner(1878-1968). Manuskript für: Neue Österr. Biographie ab 1815, Bd. 20, Wien, S. 3 ARAD-ÖAW
38. L. M. Looking back, S. 2
39. Entlassungszeugnis von Elise Meitner, Bürgerschule, Wien II, Czerninplatz, vom 15. 7. 1892, MTNR
40. L. M. an E. zu Salm-Salm, 22. 9. 1961, MTNR
41. L. Frischauer an O. R. Frisch, 17. 3. 1969, MTNR
42. L. M. an L. Hitzenberger, 29. 3. 1951, MTNR
43. L. M. an E. zu Salm-Salm, 22. 9. 1961, MTNR
44. BiogrMem., S. 405; F. Krafft: Lise Meitner und ihre Zeit. In: Angew. Chem. 90 (1978), S. 877; B. Karlik: Gedenkrede für O. Hahn und L. Meitner, am 6. April 1979, ARAD-ÖAW. S. 3
45. L. M. an U. Allers, ohne Datum, 1956, MTNR
46. L. M. an R. Fischer, 5. 10. 1945, MTNR
47. L. M.: Looking back, S. 2
48. L. M. an L. Hitzenberger, 29. 3. 1951, MTNR
49. Szarvassi, nicht Szarvasy, wie von L. M. in: Looking back, S. 2, und anderen Autoren zitiert, Personal-akt Arthur Szarvassi, Universitätsarchiv Wien

50. L. M.: Looking back, S. 2
51. Ebenda
52. L. M. an L. Hitzenberger, 29. 3. 1951, MTNR
53. L. M. an L. Hitzenberger 10. 4. 1951, MTNR, und LemmKern, S. 30
54. L. M.: Looking back, S. 2
55. Akademisches Gymnasium, Wien I, Beethovenplatz, Archiv, Protokoll der Maturaprüfungen des Jahres 1901
56. L. M. an L. Hitzenberger, 29. 3. 1951, MTNR
57. L. M. an H. Hertz, 26. 2. 1954, MTNR
58. Personalakte Lise Meitner, Uni-versitätsarchiv Wien
59. BiogrMem., S. 405, DictSc, S. 260
60. L. M.: Looking back, S. 2
61. Ebenda, S. 3
62. Ebenda
63. SE, S. 130
64. L. M.: Looking back, S. 3
65. Persönliche Mitteilung von Jo-hannes Benndorf, November 1997
66. B. Karlik: L. Meitner. In: Acta Physica-Austriaca, 29 (1969), S. 391
67. L. M.: Looking back, S. 3
68. PrzEr, S. 2 f., KarlikGed., S. 2 f.
69. L. M. an E. Broda: Jänner 1954, MTNR, zitiert in: E. Broda: L. Boltzmann, S. 9 f.
70. LemmKern., S. 32
71. Personalakte Lise Meitner, Universitätsarchiv Wien
72. Ludwig Boltzmann: Wiss. Ab-handlungen Bd. II (1875-1891), S. 167 ff., 1877
73. L. M. an E. Broda, 3. 5. 1954, MTNR, zitiert in: E. Broda: L. Boltzmann, S. 19 f.
74. L. Frischauer an O. R. Frisch, 17. 3. 1969

75. Ebenda
76. Persönliche Mitteilung von Viktor Weißkopf, 9. August 1984
77. BWMLaue, S. 104
78. Ebenda, S. 113
79. Ebenda, S. 104
80. Ebenda, S. 390
81. L. M. an F. Frischauer, 21. 3. 1954, MTNR
82. Ebenda
83. ORFrisch, S. 19 und S. 20
84. L. M. an H. Hartmann, 5. 2. 1952, MTNR, L. M. an R. Ketzer, 29. 9. 1932, MTNR, U. Frisch an H. J. Koch, 26. 2. 1980, MTNR
85. L. M. an G. Lion, 25. 9. 1954, MTNR
86. Testament Hedwig Meitner, 13. 7. 1924, MTNR
87. L. M. an A. Flammersfeld, 27. 11. 1949, MTNR
88. L. M.: Looking back, S. 3
89. Meitner 1906a
90. Personalakte Lise Meitner, Uni-versitätsarchiv Wien
91. Personalakte Selma Freud, Uni-versitätsarchiv, Wien, PzrEr, S. 4
92. Personalakte Lise Meitner, ÖAW, Nr. 502 / 49, Lebenslauf 17. 3. 1949
93. L. M.: Looking back, S. 3
94. Ebenda
95. Meitner 1906
96. Personalakte Lise Meitner ÖAW, Nr. 502 / 49, Lebenslauf 17. 3. 1949
97. L. M.: Looking back, S. 3
98. Looking back, S. 3
99. L. M. an St. Meyer, 2. 7. 1949, ARAD-ÖAW
100. Stefan Meyer: Vorgeschichte der Gründung und erstes Jahrzehnt des Instituts für Radiumforschung. In: Sitzungsber. der math.-nat. Klasse Abt. IIa, 159. Band, 1950, ÖAW, S. 10

101. E. Rutherford an F. S. Exner, 3. 12. 1907, ARAD-ÖAW; Briefwechsel St. Meyer–E. Rutherford, 1921, ARAD-ÖAW; E. Rutherford an St. Meyer 21. 12. 1927 ARAD-ÖAW
102. PrzEr, S. 3
103. L. M. an St. Meyer, 2. 7. 1949, ARAD-ÖAW
104. P. Rife: Lise Meitner, S. 39
105. siehe Anmerkung 100, S. 9; E. Rona in: Health Physics, Vol. 37 (1979), S. 223–227
106. Meitner 1906 c und Meitner 1907
107. Ch. S. Chiu: Frauen im Schatten. Wien 1994, S. 81
108. 在放射性研究所和剑桥都没有发现关于莉泽·迈特纳向玛丽·居里申请职位并被她拒绝的任何迹象，尽管这在文献中多次引用。在放射性研究所，只找到了莉泽·迈特纳于1930年4月12日写给玛丽·居里的一封信，信中请求与玛丽·居里会面。如信中的女秘书所言，她们确实见过面。
109. L. M.: Looking back, S. 4
110. Handschriftliche Briefe von L. Meitner, März 1906 bis Jänner 1907, Privatbesitz, derzeit nicht zur Veröffentlichung freigegeben
111. L. M. an E. Schiemann, 31. 12. 1913, MTNR
112. L. M.: Looking back
113. Vgl. M. Planck, in: A. Kirchhoff (Hg): Die Akademische Frau. Berlin 1897, S. 256
114. Meitner 1958
115. Ebenda
116. BWMLaue, S. 422
117. Ebenda
118. A. Hermann: Die Jahrhundert-wissenschaft, S. 29
119. L. M. an E. Schiemann, 20. 1. 1914, MTNR
120. 1898年，居里夫妇发现了放射性元素钋和镭。1902年，物理学家欧内斯特·卢瑟福和化学家弗雷德里克·索迪提出了关于放射性衰变的理论。

121. Hinweis von Dr. Lemmerich, Berlin
122. Ebenda
123. B. Karlik, in: Neue Öster. Bio-graphie ab 1815
124. Heisenberg: Hahn–Meitner
125. Tonaufnahme: Lise Meitner erzählt aus ihrem Leben, MPG
126. L. Meitner in D. Hahn: Otto Hahn, Begründer des Atomzeit-alters, S. 308
127. MLeb, S. 86
128. Meitner 1954a
129. Tonaufnahme: Lise Meitner erzählt aus ihrem Leben, MPG
130. L. M. an Jenny (Nachname unbekannt), 6. 2. 1911, MTNR
131. L. M.: Looking back, S. 4
132. Ebenda
133. SE, S. 207
134. Personalakte Lise Meitner, MPG
135. MLeb, S. 108
136. F. Rasetti an H. Garbutt, Feb. 1979
137. L. M. an E. Schiemann, 24. 8. 1917, MTNR
138. L. M. an E. Schiemann, 11. 8. 1920, MTNR
139. L. M. an E. Schiemann, 25. 8. 1920, MTNR
140. L. M. an E. Schiemann, 11. 8. 1914, MTNR
141. Notizkalender L. M., August/ September 1914, MTNR
142. SE, S. 132
143. L. M. an O. Hahn, 16. 3. 1915, MPG
144. SE, S. 34
145. L. M. an O. Hahn, 24. 4. 1915, MPG
146. L. M. an St. Meyer, 18. 9. 1914, ARAD-ÖAW

147. L. M. an O. Hahn, 27. 2. 1915, MPG
148. Ebenda
149. L. M. an E. Schiemann, 10. 8. 1915, MTNR
150. L. M. an E. Schiemann, 24. 9. 1915, MTNR
151. L. M. an E. Schiemann, 14. 11. 1915, MTNR
152. L. M. an E. Schiemann, 22. 12. 1915, MTNR
153. Prof. Hatjidakis an L. M., 22. 8. 1915, MTNR
154. L. M. an Oberleutnant Muffat, 3. Juli 1916, MTNR
155. L. M. an E. Schiemann, 17. 1. 1916, MTNR
156. L. M. an E. Schiemann, 28. 1. 1916, MTNR
157. L. M. an E. Schiemann, 27.–31. 8. 1916, MTNR
158. Meitner 1954a, S. 98
159. SE, S. 135 f.
160. Meitner 1918
161. L. M. an St. Meyer, 21. März 1918, ARAD-ÖAW
162. Dokument Rep. IX 1, MPG
163. L. M. an E. Schiemann, 29. 11. 1918, MTNR
164. Ebenda
165. L. M. an E. Schiemann, 12. 12. 1918, MTNR
166. L. M. an E. Schiemann, 29. 11. 1918, MTNR
167. Vgl. SE, S. 156–159
168. Meitner 1954a
169. SE, S. 156–159
170. Vgl. Herbert Meschkowski: Von Humboldt bis Einstein. Berlin als Zentrum der exakten Wissenschaf-ten. München, Zürich 1989, S. 211
171. L. M. an E. Schiemann, 15. 10. 1918, MTNR
172. L. M.: Looking back, S. 7
173. L. M. an O. Hahn, 1. 9. 1920, MPG
174. L. M. an E. Schiemann, 8. 5. 1921, MTNR

175. L. M. an E. Schiemann, 27. / 29. 4. 1921, MTNR

176. Kerner: Lise, S. 53

177. L. M. an E. Schiemann, 23. 8. 1933, MTNR

178. Meitner 1960, S. 20

179. Ebenda

180. L. M. an O. Hahn, 17. Mai 1922, MPG

181. L. M. an den «Bund Demokratische Frauen Österreichs», 23. 6. 1947, MTNR

182. SE, S . 101

183. Meitner 1960, S. 20

184. Meitner 1922

185. L. M. an A. Compton, 9. 1. 1930, MTNR

186. L. M. an G. Gamow, 18. 12. 1929, MTNR

187. Meitner 1930

188. EuE, S. 43

189. BWLaue, S. 471

190. A. Flammersfeld an L. M., 27. 10. 1948, MTNR

191. In: R. Schottlaender: Verfolgte Berliner Wissenschaft. Berlin 1988, S. 89–91

192. 哈伯作为威廉皇帝物理化学与电化学研究所的所长自愿辞职，因为他不愿解雇他的犹太员工。

193. L. M. an G. von Ubisch, 1. 7. 1947, MTNR

194. Meitner 1954a

195. EuE, S. 52 f.

196. Meitner 1963

197. I. Noddack, in: Angewandte Chemie, Bd. 47 (1934), S. 301

198. FK, S. 40 f.

199. Meitner 1963

200. M. Planck an M. von Laue, 22. 12. 1936, MPG

201. EuE, S. 54
202. Ebenda
203. L. M., Tagebuch, 21. 3. 1938, MTNR
204. EuE, S. 54
205. Franck an den amerikanischen Konsul in Berlin, 2. 6. 1938, MTNR
206. L. M., Tagebuch, 9. 5. 1938, MTNR
207. L. M.: Stenogramm vom 16. 6. 1938, MTNR, in: E. Berninger: Otto Hahn, S. 42
208. Eine ausführliche Beschreibung von L. M.s Flucht findet sich in Sime: A Life in Physics, Kapitel 8
209. L. M. an G. von Ubisch, 1. 7. 1947, MTNR
210. L. M. Tagebuch, 13. Juli 1938, MTNR
211. L. M. an G. von Ubisch, 1. 7. 47, MTNR
212. L. M. an O. Hahn, 6. 9. 1938, MPG
213. L. M. an G. von Ubisch, 1. 7. 1947, MTNR
214. L. M. an P. Rosbaud, April 1939, MTNR
215. Meitner 1954a, Personalakte Lise Meitner, Österreichische Aka-demie der Wissenschaften, Wien Nr. 502 / 49, Lebenslauf (17. 3. 1949)
216. L. M. an O. Hahn, 24. 8. 1938, MPG
217. Dr. Telschow, Kaiser-Wilhelm-Gesellschaft zur Förderung der Wis-senschaften, Generalverwaltung an L. M., 8. 9. 1938, MTNR
218. O. Hahn an L . M ., 29. 8. 1938, MPG
219. O. Hahn an L. M., 1. 9. 1938, MPG
220. L. M. an O. Hahn, 6. 9. 1938, MPG
221. L. M. an O. Hahn, 6. 10. 1938, MTNR
222. BWMLaue, Kommentar. S . 171
223. L. M. an J. Franck, 30. 9. 1940, MTNR
224. L. M. an E. Schiemann, 18. 10. 1938, MTNR
225. Ebenda

226. L. M. an W. Meitner, 6. 2. 1939, MTNR
227. O. Hahn an L. M., 27. 9. 1938, MPG
228. EuE, S. 56
229. Meitner 1938
230. F. Krafft: Ein frühes Beispiel, S. 113
231. 这两位巴黎的研究人员在不知情的情况下，找到了一个被分裂的原子核的碎片。
232. 哈恩仅提到了玻尔的怀疑。然而，可以假设迈特纳对哈恩关于双重 α 衰变的理论也存疑，因为她在柏林的实验中没有找到任何关于这种过程中释放的 α 粒子的线索。
233. EuE., S. 58
234. FK, S. 263 f.
235. EuE, S. 60
236. FK, S. 264 f.
237. FK, S. 265 f.
238. Meitner 1963, S.168
239. ORFrisch, S. 148
240. ORFrisch, S. 149
241. Zum Flüssigkeitströpfchen-modell s. R. H. Stuewer: The Origin of the Liquid Drop Model
242. Meitner, Vorlesungsaufzeich-nungen, 1933, MTNR
243. Meitner 1963, S. 168
244. ORFrisch, S. 149
245. FK, S. 268
246. FK, S. 267
247. O. Hahn in C. Seelig: Helle Zeit, S. 107
248. L. M. an O. Hahn, 1. 1. 1939, MPG, Kopie MTNR
249. ORFrisch, S. 149 f.
250. Frisch an L. M., 3. 1. 1939, MTNR

251. FK, S. 271
252. FK, S. 281 f.
253. ORFrisch, S. 150
254. LemmKern, S. 183
255. FK, S. 282
256. FK, S. 284
257. FK, S. 298
258. 在撰写与迈特纳的共同作品时，弗里施忘记引用来自威廉皇帝研究所的一位化学家的话。哈恩要求补充这部分，但迈特纳没能及时将这个请求传达给弗里施。
259. O. Hahn, F. Straßmann, in: Die Naturwissenschaften, Jg. 27 (1939), S. 89–95
260. BWMLaue, S. 50
261. Ebenda
262. L. M. an Gertrud Schiemann, 4. 3. 1939, MTNR
263. EuE, S. 127
264. FK, S. 178
265. BWMLaue, S. 131
266. BWMLaue, S. 471
267. L. M. an G. Schiemann, 29. 10. 1938, MTNR
268. BiogrMem
269. LBWLaue, S. 471
270. BWMLaue, S. 87
271. BWMLaue, S. 126
272. BWMLaue, S. 124
273. L. M. an H. Stöcker, 14. 8. 1941, MTNR
274. BWMLaue, S. 296
275. L. M. an E. Schiemann, 8. 8. 1943, MTNR
276. BWMLaue, S. 197 f.

277. L. M. an E. Schiemann, 10. 8. 1949, MTNR
278. L. M. an G. Schiemann, 29. 12. 1938, MTNR
279. BWMLaue, S. 401
280. BWMLaue, S. 342
281. L. M. an T. Bernert, 19. 3. 1951, Privatbesitz
282. L. M. an E. Schiemann, 22. 12. 1913, MTNR
283. L. M. an E. von Monakow, 25. 5. 1949, MTNR
284. L. M. an T. Bernert, 19. 3. 1951, Privatbesitz
285. BWMLaue, S. 229
286. BWMLaue, S. 441
287. L. M. an O. R. Frisch, 23. 5. 1940, MTNR
288. L. M. berichtet darüber in zahlreichen Briefen an die Schwes-tern Schiemann, 9. 10. 1939, 17. 11. 1939, 31. 12. 1939, 15. 1. 1940, MTNR
289. 物理学家欧根·戈尔德斯坦（E. Goldstein）的犹太妻子可能在1942年被盖世太保逮捕。物理学家海因里希·劳斯·冯·特劳伯格（Rausch von Traubenberg）在他的犹太妻子被"带走"时心脏病发作，并因此去世。在哈恩的干预下，特劳伯格的妻子在特雷津集中营中幸存下来。
290. L. M. an J. Franck, 8. 7. 1940, MTNR
291. BWMLaue, Kommentar, S. 468
292. L. M. an O. Hahn, 20. 10. 1946, MTNR
293. BWMLaue, S. 196
294. BWMLaue, s. Kommentar, S. 361
295. L. M. an E. Schiemann, 2. 12. 1940, MTNR
296. L. M. an Marga Planck, 26. 5. 1941, MTNR
297. Gespräch der Autorin (L. S.) mit S. Eklund, Wien, 25. 4. 1996, und FK, S. 180
298. L. M. an O. Hahn, 7. 10. 1962, Archiv Dietrich Hahn, Ottobrunn

299. L. M. an Marga Planck, 17. 1. 1942, MTNR
300. BWMLaue, s. Kommentar S. 319
301. BiogrMem, S. 420
302. L. M. an G. Schiemann, 29. 10. 1938, MTNR
303. L. M. an A. Schrödinger, 28. 9. 1944, MTNR
304. L. M. an E. Schiemann, 26. 3. 1940, MTNR
305. BWMLaue, S. 273
306. BiogrMem, S. 414
307. BWMLaue, S. 267 und S. 269, Hinweis von Dr. Jost Lemmerich, Berlin
308. L. M. an H. Pettersson, 11. 2. 1943, MTNR
309. L. M. an L. Lisco, 1. 1. 1944, MTNR
310. L. M. an P. Pringsheim, 28. 11. 1943
311. L. M. an O. Hahn, 12. 10. 1943, MTNR
312. O. Hahn an L. M., 16. 10. 1943, MTNR
313. L. M. an E. v. Bahr-Bergius, 7. 6. 1944, MTNR
314. BWMLaue, S. 376
315. FK, S. 182
316. L. M. an J. Franck, 16. 1. 1946, MTNR
317. L. M. an V. Goldschmidt, 14. 4. 1946, MTNR
318. L. M. an Prof. Hilleras, 18. 1. 1946, MTNR
319. BWMLaue, S. 441
320. L. M. an H. Rosbaud, 1. 9. 1945, MTNR
321. L. M. an F. Frischauer, 7. 9. 1945, MTNR
322. R. L. Sime: Lise Meitner, S. 314
323. L. M. an U. Wilke, 13. 10. 1945, MTNR
324. L. M. an O. R. Frisch, 1. 10. 1945, MTNR
325. L. M. an H. Grüneisen, 20. 11. 1957, MTNR
326. L. M. an O. Klein, 7. 7. 1950, MTNR

327. L. M. an A. Schrödinger, 1. 5. 1955, MTNR
328. L. M. an L. Allers, 25. 12. 1945, MTNR
329. L. M. an F. Frischauer, 10. 11. 1945, MTNR
330. BWMLaue, S. 459
331. L. M. an V. Goldsmith, 14. 4. 1946, MTNR
332. L. M. an F. Frischauer, 7. 9. 1945, MTNR
333. L. M. an H. Schäfer, 2. 7. 1946, MTNR
334. L. M. an E. Grüneisen, 12. 7. 1947, MTNR
335. L. M. an L. Meitner-Graf, 1. 4. 1946, MTNR
336. Ebenda
337. BWMLaue, S. 451
338. L. M. an J. Franck, 22. 2. 1946, MTNR
339. L. M. an B. Broomé Aminoff, 20. 11. 1945, MTNR
340. L. M. an J. Franck, 8. 9. 1955, MTNR
341. L. M. an J. Franck, 16. 1. 1947 (von Meitner fälschlicherweise auf den 16. 1. 1946 datiert), MTNR
342. O. Hahn an L. M., 26. 5. 1948, MTNR
343. Hinweis von Dr. Lemmerich, Berlin
344. Nobelpreisrede Hahns. In: Les Prix Nobels en 1946. Stockholm 1948, S. 176
345. L. M. an J. Franck, 21. 1. 1947, MTNR
346. Siehe E. Crawford, R. L. Sime und M. Walker: A Nobel tale
347. Es handelte sich um eine fünf-stellige, nicht näher bekannte Sum-me. Persönliche Mitteilung von Dietrich Hahn
348. E. Crawford, R. L. Sime und M. Walker: A Nobel tale
349. Ebenda
350. Zur Rolle Straßmanns s. FK
351. J. Franck an L. M., 27. 8. 1955, MTNR
352. B. Karlik an E. Cremer, 2. 4. 1979, ARAD-ÖAW

353. FAZ-Interview mit Dietrich Hahn

354. L. M. an F. Straßmann, 10. 12. 1948, MTNR

355. FK, S. 79

356. BWMLaue, S. 493

357. FK, S. 184 f.

358. St. Meyer an L. M., 19. 6. 1948, ARAD-ÖAW

359. L. M. an St. Meyer, 19. 6. 1948, ARAD-ÖAW

360. BWMLaue, S. 528

361. Ebenda

362. L. M. an L. Lisco, 23. 5. 1954, MTNR

363. L. M. an Marga Planck, 18. 8. 1947, MTNR

364. Ebenda

365. BWMLaue, S. 514

366. L. M. an L. Lisco, 20. 1. 1950, falsch datiert auf 1949

367. L. M. an L. Lisco, 3. 2. 1950, MTNR

368. L. M. an A. Schrödinger, 25. 5. 1953, MTNR

369. L. M. an R. Allers, 22. 4. 1953, MTNR

370. L. M. an A. Flammersfeld, 20. 8. 1950, MTNR

371. L. M. an J. Stross, 11. 10. 1952, MTNR

372. L. M. an B. Karlik, 3. 4. 1953, MTNR und ARAD-ÖAW

373. Der Tagesspiegel, 10. 4. 1953, MPG

374. Meitner, Tagebuch 1951, MTNR

375. L. M. an A. Mörl von Pfalzen, 10. 11. 1952, MTNR

376. L. M. an L. Lisco, 23. 5. 1954, MTNR

377. L. M. an J. Franck, 15. 11. 1951, MTNR

378. L. M. an L. Lisco, 29. 5. 1955, MTNR

379. L. M. an W. Heisenberg, 18. 2. 1954, MTNR

380. L. M. an O. Hahn, 29. 11. 1958, Archiv Dietrich Hahn

381. L. M. an O. Hahn, 14. 6. 1960, Archiv Dietrich Hahn

382. L. M. an E. Schiemann, 25. 11. 1943, MTNR
383. Meitner, Gästebuch, MTNR
384. L. M. an L. Lisco, 23. 5. 1954, MTNR
385. L. M. an J. Stross, 8. 5. 1955, MTNR
386. L. M. an J. Stross, 20. 5. 1955, MTNR
387. L. M.: Looking back, S. 2
388. L. M. an E. Schiemann, 31. 12. 1913, MTNR
389. L. M. an Frau Pimpel, 30. 9. 1945, MTNR
390. L. M.: Looking back, S. 2
391. O. R. Frisch an K. Przibram, 1. 3. 1968, ARAD-ÖAW
392. O. R. Frisch an B. Karlik, 27. 10. 1968, ARAD-ÖAW
393. L. M.: Dankesworte zur Ver-leihung des Enrico-Fermi-Preises, 23. 10. 1966, MTNR

迈特纳年表

1878年	11月17日,莉泽·迈特纳(Lise Meitner)作为菲利普·迈特纳博士和赫德维希·迈特纳(Hedwig Meitner)的第三个孩子,在维也纳出生;她有4个姐妹和3个兄弟。
1884—1889年	就读于小学。
1889—1892年	就读于市民中学。
1893—1895年	接受法语教师培训,并参与社会组织工作。
1898—1901年	通过私人教育准备考取外部成人高中文凭。
1901年	7月11日,通过了维也纳第一学区学术中学的外部成人高中文凭。10月份开始在维也纳大学学习数学和物理学。
1902—1906年	在路德维希·玻尔兹曼的理论物理学课程中听讲。

1906年	2月1日，获得物理学博士学位。11月通过数学和物理学教师资格考试。
1906—1907年	在维也纳大学物理学研究所进行有关放射性的研究，发表两篇论文。处于担任数学和物理学教师的试用期。
1907年	9月，搬到柏林。在马克斯·普朗克的理论物理学课程中听讲。11月开始与奥托·哈恩在柏林大学化学研究所合作。加入德国物理学会（作为第三位女性会员）。
1909年	与奥托·哈恩一起发现了放射性反冲。
1910—1915年	与奥托·哈恩和奥托·冯·贝策尔一起记录了 β 射线放射的光谱。
1912年	10月，在柏林-达勒姆的威廉皇帝化学研究所无薪担任放射性部门的客座研究员。11月，在维也纳大学获得博士学位的认证。
1912—1915年	成为马克斯·普朗克的首位女性大学助教。
1913年	德意志布拉格大学要聘她为讲师。从10月1日开始在威廉皇帝研究所工作。
1915—1916年	自愿担任奥匈帝国军队的X射线检测医生。
1917—1933年	在威廉皇帝研究所领导物理-放射性部门。
1918年	与奥托·哈恩一起发现了钍的同位素。

1919年	7月31日，被授予"教授"头衔。
1921年	4—5月，在隆德大学物理学研究所设立放射性实验室。
1922年	作为德国第二位女性在柏林弗里德里希-威廉大学哲学系获得物理学授课资格。
1922—1933年	解释来自原子构造的 β 射线谱，β 和 γ 射线之间的关系。
1923—1933年	在柏林大学进行教学。
1924年	获得柏林普鲁士科学院银质莱布尼兹奖章。
1925年	获得维也纳奥地利科学院伊格纳兹·利本奖。
1926年	3月1日，成为柏林大学哲学系非官方特别教授，成为哥廷根科学院的通讯院士，成为哈勒利奥波第那自然科学德国科学院院士。
1928年	与保琳·拉玛特-卢卡斯（Pauline Ramart-LucasPauline Ramart Lucas 共同获得美国的艾伦-理查兹奖（Ellen-Richards）奖。
1933年	9月，被取消教授资格。参加布鲁塞尔第7次索尔维会议。
1934年	参加莫斯科和列宁格勒的门捷列夫国际大会。

1934—1938年	其间，与奥托·哈恩和弗里茨·施特拉斯曼共同进行了用中子辐照铀的实验。
1938年	7月13日，逃亡荷兰，之后经过丹麦移民到瑞典。10月份开始在斯德哥尔摩的诺贝尔研究所工作。
1938—1939年间	与弗里施共同进行了有关核裂变的物理解释和理论解释。
1941年	成为哥德堡科学院的成员。
1945年	成为斯德哥尔摩科学院的成员。
1946年	2月至7月，在美国华盛顿特区的天主教大学任教。获阿德尔菲学院（Adelphi College）、纽约罗切斯特大学、新泽西州的罗格斯大学、北汉普顿/马萨诸塞州的史密斯学院的荣誉博士学位。被美国媒体评为"年度女性"。成为奥斯陆和哥本哈根科学院的成员。
1947年	在斯德哥尔摩皇家理工学院担任实验室主任和研究教授。
1948年	除了奥地利国籍外，获得了瑞典国籍，成为奥地利科学院的通讯院士。
1949年	成为德意志民主共和国科学院通讯院士；与奥托·哈恩共同获得德国物理学会的马克斯·普朗克奖章。

1950 年	获斯德哥尔摩大学荣誉博士学位。
1953—1960 年	在皇家工程科学院研究所工作。
1955 年	获得化学方面的奥托·哈恩奖。成为伦敦皇家学会外籍会员。
1956 年	获得柏林自由大学荣誉博士学位和维也纳大学的博士学位。
1957 年	获得德意志联邦共和国和平级别"功勋和艺术骑士团勋章"。
1958 年	维也纳市荣誉市民。
1959 年	在柏林成立哈恩-迈特纳研究所。
1960 年	退休后,搬到英格兰的剑桥。在维也纳获得威廉·埃克斯纳奖章。
1962 年	在哥廷根获得多洛蒂亚·施勒泽奖章。
1963 年	在维也纳天文馆发表演讲"50年物理学",标题为"回顾"。
1964 年	最后一次美国之旅。
1966 年	迈特纳、哈恩和施特拉斯曼被授予恩里科·费米奖(美国)。

1967年	获奥地利共和国的国内科学与艺术荣誉勋章。
1968年	10月27日,莉泽·迈特纳于剑桥去世。
1978年	奥地利邮政发行特别邮票。
1991年	在慕尼黑德国博物馆荣誉大厅竖立莉泽·迈特纳的半身像(第一位享此殊荣的女性)
1992年	第109元素被命名为"Meitnerium"(Mt)。德国黑森州的文化和科学部设立了以"莉泽·迈特纳"命名的科学奖,以表彰自然和工程科学领域的成就。
1992年	奥地利科学研究基金会设立了莉泽·迈特纳奖学金。
2000年	维也纳学院中学竖立了莉泽·迈特纳纪念牌。同年十月,在哈恩-迈特纳研究所首次颁发了哈恩-迈特纳奖。

人物述评

贝尔塔·卡利克

尽管她的表现非常谦逊,甚至有些害羞,但她凭借超级清晰的思维和探求真相的热情立刻给她的谈话伙伴留下了深刻的印象。她进行对话时的专注和集中精力的方式,每个了解她的人都将永生难忘。……她批判性的思维和敏锐的头脑,在评估人性时也是毫不妥协的。……但她对人类命运的热切关注,使她始终不会对人进行严厉的评判,也使她能够拥有终身的友谊。……音乐对她来说意义重大。

《每日镜报》,1953 年

即使在大教室里……,她也能让上千名听众感觉到，她正在与他们私下交谈。她没有教条主义，也不会使用教育的口吻。

弗里茨·施特拉斯曼

她会让科学的雄心和个人的感受从属于其研究的项目，她终身都具有这种能力，也许正是这种能力能让她不仅对（放射性物质的研究）工作善始善终，而且还在三十多年的时间里形成了一种工作共同体，直到今天这仍然被视为科学合作的理想典范。

《自然科学评论》，1963年

莉泽·迈特纳教授是那些对现代核物理学的发展和原子能开发产生重大影响的研究者之一。

奥托·哈恩在莉泽·迈特纳80岁生日时发表感言

一个研究者的生命有三个阶段：成长、存在、意义。

你（莉泽·迈特纳）的"成长"是在柏林的木料

工坊。你的"存在"是在达勒姆的威廉皇帝研究所建立了一个大型的核物理学部门,并拥有来自国内外的许多学生。你的"意义"体现在今天全世界的认可中。

伊丽莎白·希曼

尽管工作领域和性格非常不同,但我们很快就建立了坚实的友谊,不久莉泽·迈特纳就像我的姐妹一样在我家出入,她可不能缺席任何一场家庭聚会……与她有过亲密接触的人一定会感激这种相遇,并把它视为生命中的一种财富。

迪特里希·哈恩(Dietrich Hahn)

有时人们会有这样的印象,认为莉泽·迈特纳在公众场合因其娇小的身材和内向的性格几乎不受人关注,但当人们在她的朋友和亲密的人组成的小圈子里遇见她时,却十分惊讶。她的目光清澈灵动。在她温暖的拥抱下,我被莉泽姨妈征服了,然后她就开始了一场充满挑战的对话。她对所有讨论的话题都十分感兴趣，就连对于看似无关紧要的日常故事她也毫不懈怠，这使得我的交谈变得轻松愉快，与她相处的时光总是愉悦又可爱。

赫维希·朔佩尔（Herwig Schopper）

作为可能是最后一位在世的，曾与利泽·迈特纳在斯德哥尔摩（1950—1951年）共事的物理学家，我不仅有机会认识一位伟大的女物理学家，还认识了一个能够通过伟大的智慧，借助历史经验来应对所遭受的不公待遇的人。她完全不会有报复心理，我们可以毫无顾虑地讨论她在纳粹德国的经历。当涉及物理实验的精确性时，她毫发必究；而在人类问题上，她则表现出无限的善良。尽管经历了所有的痛苦，她仍然保持着幽默感。她为自己完美的视力感到自豪，她能使用这个能力来对实验进行调整，却在年轻时把量取裙子长度的裁缝弄得很绝望，这件事一直让她感到很好笑。

马克斯·佩鲁茨（Max Perutz）

1960年，莉泽·迈特纳在82岁高龄之时搬到了剑桥……，我和她成了朋友。她没有表现出任何怨天尤人，我很钦佩她卓越的智慧、对自然科学无私的热爱、她的人情味和幽默感。

弗里茨·克拉夫特（Fritz Krafft）

相较于奥托·哈恩、弗里茨·施特拉斯曼和奥托·罗伯特·弗里施，莉泽·迈特纳的个人命运可能是他们四个人中最艰难的——一方面因为她是女性，另一方面是因为她的犹太祖先。这并没有让她变得苛刻和悲观，但却增强了她的正义感，塑造和保持了她的政治思想。然而，她从未期望其他人必须像她自己那样思考和行动，即使她对他人感到失望并明确表达了这种失望，她也会以同样的真诚保持友好的情感。

参考文献

1. 文献

Die Auflistung der 160 Veröffent-lichungen Lise Meitners ist zu beziehen von: Horst Melcher, 14471 Potsdam, Auf dem Kiewitt 23

2. 在本书中引用的莉泽·迈特纳的作品

Meitner 1906a: Wärmeleitung in in-homogenen Körpern. In: Sitzungs-berichte der Kaiserlichen Akade-mie der Wissenschaften in Wien, Math.-Nat. Klasse, Bd. CXV, Abt. IIa, Febr. 1906

Meitner 1906b: Über einige Folgerun-gen, die sich aus den Fresnel'schen Reflexionsformeln ergeben. In: Sitzungsberichte der Kaiserlichen Akademie der Wissenschaften in Wien, Math.-Nat. Klasse, Bd. CXV, Abt.

IIa, Juni 1906

Meitner 1906c: Über die Absorp-tion der Alpha-und Betastrahlen. In: Physikalische Zeitschrift, Jg. 7 (1906), S. 588–590

Meitner 1907: Über die Zerstreuung der Alphastrahlen. In: Physika-lische Zeitschrift, Jg. 8 (1907), S. 489–491

Meitner 1909 (mit Hahn): Eine neue Methode zur Herstellung radioakti-ver Zerfallsprodukte. Thorium D, ein kurzlebiges Produkt des Thori-ums. In: Verhandlungen der Physi-kalischen Gesellschaft, Nr. 3 (1909), S. 55

Meitner 1918 (mit Hahn): Die Muttersubstanz des Actiniums, ein neues radioaktives Element von langer Lebensdauer. In: Physika-lische Zeitschrift, Jg. 19, S. 208 (1918)

Meitner 1922: Über die Entstehung der Beta-Strahl-Spektren radioakti-ver Substanzen. In: Zeitschrift für Physik, Bd. 9 (1922), S. 131

Meitner 1923: Das Beta-Strahlenspek-trum von UX1 und seine Deutung. In: Zeitschrift für Physik, Bd. 17 (1923), S. 54

Meitner 1924: Über den Zusammen-hang zwischen Beta-und Gamma-Strahlen. In: Ergebnisse der Exak-ten

Naturwissenschaften. Dritter Band, 1924, S. 160–181

Meitner 1925: Die Gammastrahlung der Actiniumreihe und der Nach-weis, daß die Gammastrahlen erst nach erfolgtem Atomzerfall emit-tiert werden. In: Zeitschrift für Physik, Bd. 34 (1925), S. 807

Meitner 1930 (mit W. Orthmann): Über eine absolute Bestimmung der Energie der primären Beta-Strahlen von Radium E. In: Zeitschrift für Physik, Bd. 60 (1930), S. 143

Meitner 1931a (mit Hupfeld): Über das Absorpti-onsgesetz für kurz-wellige Gammastrahlen. In: Zeit-schrift für Physik, Bd. 67 (1931), S. 147

Meitner 1931b (mit Hupfeld): Über das Streugesetz kurzwelliger Gam-mastrahlen. In: Die Naturwissen-schaften, Bd. 19 (1931), S. 775

Meitner 1935 (mit Delbrück): Der Aufbau der Atomkerne. Natürliche und künstliche Kernumwandlungen. Berlin 1935

Meitner 1938 (mit Hahn und Straß-mann): Ein neues langlebiges Umwandlungsprodukt in den Transuran-Reihen. In: Die Natur-wissenschaften, Bd. 26 (1938), S. 755

Meitner 1939 (mit Frisch): Disinte-gration of Uranium by Neutrons: A New Type of Nuclear Reaction. In: Nature, Bd. 143 (1939), S. 239

Meitner 1950: Spaltung und Schalen-modell des Atomkerns. In: Nature, Bd. 165 (1950), S. 561

Meitner 1952: Die Anwendung des radioaktiven Rückstoßes bei Atom-kernprozessen. In: Zeitschrift für Physik, Bd. 133 (1952), S. 141

Meitner 1954a: Einige Erinnerungen an das Kaiser-Wilhelm-Institut für Chemie in Berlin-Dahlem. In: Die Naturwissenschaften, Bd. 41 (1954), S. 97–99

Meitner 1954b: Atomenergie und Frieden. In: Schriftenreihe der Österreichischen UNESCO-Kommission, 1954

Meitner 1958: Max Planck als Mensch. In: Die Naturwissenschaf-ten, Bd. 45 (1958), S. 405–408

Meitner 1960: The status of women in the professions. In: Physics Today, Jg. 13, Nr. 8, August 1960, S. 16–21

Meitner 1963: Wege und Irrwege zur Kernenergie. In: Naturwissen-schaftliche Rundschau, 16. Jahr-gang, Heft 5 (Mai 1963), S. 167–169

Meitner 1964: Looking back. In: Bulletin of the Atomic Scientists, November 1964, S. 2–7

3. 信件

Der umfangreiche Briefwechsel Lise Meitners ist

in folgenden Archiven zu finden: Archiv zur Geschichte der Max-Planck-Gesellschaft, Berlin (MPG); Archiv Radiumforschung, Österreichische Akademie der Wissenschaften, Wien (ARAD-ÖAW), und Churchill Archives Center, Cam-bridge (MTNR).

Eine Auswahl der Briefe ist in fol-genden Werken abgedruckt (Abkürzungen durch Sigeln in Klammern):

Ernst, Sabine: Lise Meitner an Otto Hahn. Briefe aus den Jahren 1912–1924. Stuttgart 1992 (SE)

Hahn, Otto: Erlebnisse und Erkennt-nisse. Düsseldorf, Wien 1975 (EuE)

Krafft, Fritz: Im Schatten der Sensa-tion, Leben und Wirken von Fritz Straßmann. Weinheim 1981 (FK)

Lemmerich, Jost (Hg.): Lise Meit-ner–Max von Laue, Briefwech-sel 1938–1948. Berlin 1998 (BWMLaue)

4. 回忆录

Broda, Engelbert: L. Boltzmann: Mensch, Physiker, Philosoph. Wien 1955

Eklund, Sigvard: Forskningsinsti-tutet för Atoimfysik 1937–1987. In: Carlson Per ed Fysik i Frescati: Föredrag fran Jubileumskonferensen den 23. Oktober 1987, Stockholm 1989, Manne Siegbahn Institut

Flammersfeld, Arnold: Ich erinnere mich ganz genau ... In: Bild der Wissenschaft 12 (1988), S. 95

Frisch, Otto Robert: Lise Meitner 1878–1968, In: Biog. Mem. Fell. Roy. Soc. London, 16 (1970), S. 405–420

–: Lise Meitner, in: Charles Gillespie (Hg.): Dictionary of Scientific Bio-graphy, Vol. 9. New York 1974, S. 260

–: Woran ich mich erinnere. Stutt-gart 1981

Hahn, Otto: Mein Leben. München 1968

Heisenberg, Werner: Otto Hahn–Lise Meitner. In: Orden pour le Mérite/ Reden und Gedenkworte 1968–1969, Bd. 9

Karlik, Berta: Gedenkworte für Lise Meitner. In: Akademische Gedenk-feier zu Ehren von Otto Hahn und Lise Meitner am 21. Februar 1969 in Berlin. München 1969, S.35, Max-Planck-Gesellschaft

–: Nachruf für Lise Meitner. In: Alma-nach der ÖAW, Jg. 119 (1969)

–: In memoriam Lise Meitner. In: Physikalische Blätter, 35 (1979), S. 49–52

–: Lise Meitner (1878–1968). Manu-skript für: Neue Österr. Biographie ab 1815, Bd. 20, Wien

Laue, Max von: Erinnerung an die Entdeckung

der Uranspaltung. In: Ders.: Gesammelte Schriften und Vorträge. Bd 3, Braunschweig S. 243–246

Meyer, Stefan: Zur Erinnerung an die Jugendzeit der Radioaktivität. In: Die Naturwissenschaften, 35 (1948), S. 161

Przibram, Karl: Erinnerungen an ein altes Physikalisches Institut. In: O.R. Frisch, F. A. Paneth, F. Laves, P.Rosbaud (Hg.): Trends in Atomic Physics: Essays Dedicated to L. Meitner, O. Hahn and M. von Laue on the Occasion of Their 80th Birthday. New York 1959

Rona, Elizabeth: How it came about. Radioactivity Nuclear Physics Ato-mic Energy. Oak Ridge, Tennessee 1978

Schiemann, Elisabeth: Freundschaft mit Lise Meitner. In: Neue Evangel. Frauenzeitung 3, Heft 1 (1959), S. 5

Schmid, Erich: Exner und sein Kreis. Wien 1952, Österreichische Akade- mie der Wissenschaften

Seelig, Carl (Hg.): Helle Zeit–Dunkle Zeit. In Memoriam Albert Einstein. Zürich, Stuttgart, Wien, 1956

Weizsäcker, Carl-Friedrich von: «... aber dann ist der Urankern zer-platzt». Interview mit Dietrich Hahn. In: Frankfurter Allgemeine Zeitung, 19. 12. 1998

Zimen, Karl Erik: Otto Hahn, Lise Meitner und die

Kernspaltung im Ausblick auf die Zukunft. Max-Planck-Gesellschaft, Berichte und Mitteilungen 1979, S. 71–83

5. 二手文献

Becher, K.: Lise Meitner. Werk und Leben einer Atomphysikerin, Böblingen 1987

Berninger, Ernst: Otto Hahn. Eine Bilddokumentation. München 1970

Bertsch McGrayne, Sharon: Lise Meitner. In: Nobel Prize Women in Science. Secaucus 1998

Bunde, Mario; Shea, William R. (Hg.): Rutherford and Physics at the Turn of the Century New York, London, New York 1979

Chiu, Ch. S.: Frauen im Schatten. Wien 1994

Crawford, Elisabeth: Lise Meitner, Atomic Pioneer. New York 1969

–; Sime, Ruth Lewin; Walker, Mark: A Nobel tale of wartime injustice. In: Nature, Bd. 382 (1996), S. 393–395

Hahn, Dietrich (Hg.): Otto Hahn, Begründer des Atomzeitalters. München 1979

Hermann, Armin: Die Jahrhundert-wissenschaft. Stuttgart 1977, S. 29

–: Die neue Physik. Der Weg in das Atomzeitalter.

Zum Gedenken an Albert Einstein, Max von Laue, Otto Hahn, Lise Meitner. München 1979

Herrmann, Günter: The Discovery of Nuclear Fission– Good Solid Che-mistry Got Things on the Right Track. In: Radiochimica Acta, Bd. 70 / 71 (1995), S. 51–67

Herneck, Friedrich: Über die Stellung von Lise Meitner und Otto Hahn in der Wissenschaftsgeschichte. In: Zeitschrift für die Chemie, Bd. 20 (1980), S. 237–243

Keller, Cornelius: Verpaßte Chancen: Warum wurde die Kernspaltung nicht schon früher entdeckt? In: Bild der Wissenschaft, Heft 12, 1988, S. 102–111

Kerner, Charlotte: Lise. Atomphysi-kerin. Weinheim und Basel 31987 Krafft, Fritz: Lise Meitner und ihre Zeit. In: Angewandte Chemie, 90 (1978), S. 876–892

–: Ein frühes Beispiel interdiszipli-närer Teamarbeit (zweiteiliger Auf-satz). Teil I in: Physikalische Blätter, Bd. 36, Heft 4, S. 85–89. Teil II in: Physikalische Blätter, Bd. 36, Heft 5 (1980), S. 113–118

–: Lise Meitner. Eine Biographie. In: Berichte des Hahn-Meitner-Instituts 448, Berlin 1988

–: Lise Meitner, eine Physikerin des zwanzigsten Jahrhunderts. In: W. Schmidt, J. Scriba (Hg.): Frauen in den exakten Naturwissenschaften. Beiträge zur Wissenschaft und Technik, Heft 21, S. 33, Stuttgart 1990

Lemmerich, Jost: Die Geschichte der Entdeckung der Kernspaltung. Aus-stellungskatalog, Technische Universität Berlin 1978

–: Wissenschaftsgeschichte und künftige Nachlässe. In: Naturwis-senschaftliche Rundschau, Jg. 51, Heft 6 (1998) (Zum Nachlass Lise Meitners in Cambridge)

Melcher, Horst: «... es ist nämlich et-was bei den Radiumisotopen». In: Wissenschaft und Fortschritt, Bd. 29 (1979), S. 2–5

Morgenweck-Lambrinos, Vera; Trö-mel, Martin: Lise Meitner, Otto Hahn und die Kernspaltung: eine Legende aus unseren Tagen. In: International Journal of History and Ethics of Natural Sciences, Technology and Medicine, Bd. 8 (2000), S. 65–76 (Die Erwiderung Ruth Simes findet sich im selben Heft auf den Seiten 77–84)

Rechenberg, Helmut: Lise Meitner und Otto Hahn, Irène Joliot-Curie und Frédéric Joliot. In: Karl von Meyenn (Hg.): Die großen Physiker. München 1997, S. 210–226

Rife, Patricia: Lise Meitner. Ein Leben für die Wissenschaft. Hildesheim 1992

Scheich, Elvira: Science, Politics and Morality. The Relationship of Lise Meitner and Elisabeth Schiemann. In:

Osiris, Bd. 12, S. 1–26

Sexl, Hannelore: Lise Meitner, zum 120. Geburtstag und 30. Todestag. In: Heinrich Pfusterschmid-Hardtenstein: Die zerrissene Gesell-schaft. Wien, 1999, S. 280–305

Sime, Ruth Lewin: Lise Meitner und die Kernspaltung: «Fallout» der Entdeckung. In: Angewandte Che-mie, Bd. 103 (1991), S. 956–967

–: Lise Meitner. A life in Physics. Ber-keley, Los Angeles, London 1996; deutsch: Lise Meitner, Ein Leben für die Physik. Frankfurt a. M. 2001

–: Lise Meitner und die Kernspal-tung. In: Spektrum der Wissen-schaft, Mai 1998

Stolz, Werner: Otto Hahn/ Lise Meit-ner. Biographien hervorragender Naturwissenschaftler, Techniker und Mediziner, Bd. 64, Leipzig 1983

Stuewer, Roger H.: The Origin of the Liquid Drop Model and the Interpretation of Nuclear Fission. In: Perceptions on Science, Band 2, (1994), Nr. 1, S. 76–129

Vogt, Annette: «In Ausnahmefällen ja»–Max Planck als Förderer seiner Kolleginnen. In: MPG-Spiegel 4 / 1997, S. 48–53

Watkins, Sally: Lise Meitner 1878–1968. In: Louise

S. Grimstein, Rose K. Rose, Miriam H. Fafailo-wich (Hg.): Women in Chemistry and Physics. A Bibliographic Sourcebook. Westport, Conn. 1993, S. 393–402

–: Lise Meitner: The Foiled Nobelist. In: Marlene F. Rayner-Canham, Geoffry W. Rayner-Canham (Hg.): A Devotion to their Science. Pioneer Women of Radioactivity. Montreal & Kingston, London, Buffalo 1997

Wohlfahrt, Horst: 40 Jahre Kernspal-tung. Darmstadt 1979

人名索引

Adenauer, Konrad 康拉德·阿登纳

Allers, Carola 和 Meitner, Carola 卡萝拉·迈特纳

Allers, Rudolph 鲁道夫·阿勒斯

Auer von Welsbach, Carl 卡尔·奥尔·冯·威尔斯巴赫

Auger, Pierre 皮埃尔·奥格

Bach, Johann Sebastian 约翰·塞巴斯蒂安·巴赫

Baeyer, Otto von 奥托·冯·贝耶尔

Bahr, Hermann 赫尔曼·巴尔

Bahr-Bergius, Eva von 伊娃·冯·巴尔

Baker, Josephine 约瑟芬·贝克

Becquerel, Henri 亨利·贝克勒尔

Beethoven, Ludwig von 路德维希·范·贝多芬

Benndorf, Hans 汉斯·本多夫

Benndorf, Johannes 约翰内斯·本多夫

Berliner, Arnold 阿诺德·贝利纳

Blau，Ulla s.u.Frisch，Ulla 乌拉·布劳；乌拉·弗里施

Bohr，Margrethe 玛格丽特·玻尔

Bohr，Niels 尼尔斯·玻尔

Boltzmann，Ludwig 路德维希·玻尔兹曼

Bosch，Carl 卡尔·博施

Bothe，Walter 瓦尔特·博特

Bragg，William Lawrence 威廉·劳伦斯·布拉格

Brahe，Tycho 第谷·布拉厄

Brahms，Johannes 约翰内斯·勃拉姆斯

Chadwick，James 詹姆斯·查德威克

Coster，Dirk 迪尔克·科斯特

Coster，Miep 米普·科斯特

Curie，Pierre 皮埃尔·居里

Curie-Sklodowska，Marie 玛丽亚－斯克沃多夫斯卡·居里

Debye，Peter 彼得·德拜

Delbrück，Max 马克斯·德尔布吕克

Dirac，Paul Adrien 保罗·阿德里安·狄拉克

Droste，Gottfried von 戈特弗里德·冯·德罗斯特

Ehrenfest，Paul 保罗·埃伦费斯特

Einstein，Albert 阿尔伯特·爱因斯坦

Eklund，Sigvard 西格瓦尔德·埃克隆德

Elisabeth，Kaiserin von Österreich 伊丽莎白，奥地利女皇

Ellis，Charles Drummond 查尔斯·德拉蒙德·埃利斯

Exner, Franz Seraphin 弗朗茨·塞拉芬·埃克纳

Fermi, Enrico 恩里科·费米

Fichte, Johann Gottlieb 约翰·戈特利布·费希特

Fischer, Emil 埃米尔·费歇尔

Fischer, Eugen 欧根·费舍尔

Flammersfeld, Arnold 阿诺德·弗拉莫斯菲尔德

Flügge, Siegfried 西格弗里德·弗吕格

Fokker, Adrian 阿德里安·福克

Franck, Ingrid 英格丽德·弗兰克

Franck, James 詹姆斯·弗兰克

Franz Joseph I., Kaiser von Österreich 弗朗茨·约瑟夫一世,奥地利皇帝

Freud, Selma 塞尔玛·弗洛伊德

Frick, Wilhelm 威廉·弗里克

Frisch, Auguste 和 Meitner, Auguste 奥古斯特·迈特纳

Frisch, Justinian 尤斯蒂尼安·弗里施

Frisch, Otto Robert 奥托·罗伯特·弗里施

Frisch, Ulla 乌拉·弗里施

Frischauer, Frida 弗里达·弗里肖尔

Frischauer, Leo 利奥·弗里肖尔

Gamow, George 乔治·伽莫夫

Geiger, Hans 汉斯·盖革

Gille, Ludwig 路德维希·吉勒

Goethe, Johann Wolfgang von 约翰·沃尔夫冈·冯·歌德

Grotrian, Hugo 雨果·格罗特里安

Groves, Leslie 莱斯利·格罗夫斯

Haber, Fritz 弗利茨·哈伯

Hahn, Edith 伊迪丝·哈恩

Hahn, Hanno 汉诺·哈恩

Hahn, Otto 奥托·哈恩

Halifax, Dorothy 多萝西·哈利法克斯

Händel, Georg Friedrich 乔治·弗里德里希·亨德尔

Hatjidaki 哈蒂雅卡基

Haydn, Joseph 约瑟夫·海顿

Hebbel, Friedrich 弗里德里希·黑贝尔

Heidegger, Martin 马丁·海德格尔

Heisenberg, Werner 维尔纳·海森堡

Hellmann, Johanna 约翰娜·赫尔曼

Helmholtz, Hermann von 赫尔曼·冯·亥姆霍兹

Hertz, Gustav 古斯塔夫·赫兹

Hertz, Hellmuth 赫尔穆特·赫兹

Herzfeld, Karl Ferdinand 卡尔·费迪南德·赫兹菲尔德

Hess, Kurt 库尔特·赫斯

Hess, Viktor 维克托·赫斯

Heuss, Theodor 泰奥多尔·豪斯

Hevesy, Georg von 乔治·冯·德海韦西

Hitler, Adolf 阿道夫·希特勒

Hofmannsthal, Hugo von 胡戈·冯·霍夫曼史塔

Hörlein, Heinrich 海因里希·赫尔莱因

Homer 荷马

Hummel, Franz 弗兰茨·赫梅尔

Joliot-Curie, Frédéric 弗雷德里克·约里奥-居里

Joliot-Curie, Irène 伊雷娜·约里奥-居里

Joseph II., Kaiser 皇帝约瑟夫二世

Karlik, Berta 贝尔塔·卡利克

Klein, Oskar 奥斯卡·克莱因

Knipping, Paul 保罗·克尼平

Kohn, Gitl 吉特尔·科恩

Kohn, Hedwig 赫德维希·科恩

Ladenburg, Rudolf 鲁道夫·拉登堡

Lampa, Anton 安东·兰帕

Lenz, Wilhelm 威廉·楞次

Laue, Max von 马克斯·冯·劳厄

Liebknecht, Karl 卡尔·李卜克内西

Lion, Gisela 吉塞拉·莱昂

Lisco, Lisa 丽莎·利斯科

Loschmidt, Josef 约瑟夫·洛施密特

Löwy, Charlotte 夏洛特·勒维

Luxemburg, Rosa 罗莎·卢森堡

Mach, Ernst 斯特·马赫

Mahler, Gustav 古斯塔夫·马勒

Maxwell, James Clerk 詹姆士·克拉克·马克士威

Meisenheimer, Cluny 克卢尼·梅森海默

Meitner, Auguste 奥古斯特·迈特纳

Meitner, Carola 卡罗拉·迈特纳

Meitner, Frida 弗里达·迈特纳

Meitner, Gelle 盖勒·迈特纳

Meitner, Gisela 吉塞拉·迈特纳

Meitner, Hedwig 赫德维希·迈特纳

Meitner, Max 马克斯·迈特纳

Meitner, Moritz 莫里茨·迈特纳

Meitner, Philipp 菲利普·迈特纳

Meitner, Walter 瓦尔特·迈特纳

Meitner-Graf, Lotte 洛特·迈特纳-格拉夫

Meyer, Edgar 埃德加·迈耶

Meyer, Stefan 斯特凡·迈耶

Mozart, Wolfgang Amadeus 沃尔夫冈·阿马德乌斯·莫扎特

Muffat, Anton Franz 安东·弗朗茨·穆法特

Nernst, Walther 瓦尔特·能斯脱

Noddack, Ida 伊达·诺达克

Pauli, Wolfgang 沃尔夫冈·泡利

Peierls, Rudolf Ernst 鲁道夫·恩斯特·佩尔斯

Pinder, Wilhelm 威廉·皮德尔

Planck, Emma 艾玛·普朗克

Planck, Erwin 埃尔温·普朗克

Planck, Grete 格蕾特·普朗克

Planck, Max 马克斯·普朗克

Pringsheim, Peter 彼得·普林斯海姆

Przibam, Karl 卡尔·普里布拉姆

Ramsay, William 威廉·拉姆齐

Rasetti, Franco 佛朗哥·拉塞蒂

Rayleigh, John William Strutt 约翰·威廉·斯特拉特,瑞利男爵

Rockefeller, John Davison 约翰·戴维森·洛克斐勒

Rona, Elisabeth 伊丽莎白·罗纳

Roosevelt, Franklin Delano 富兰克林·德拉诺·罗斯福

Rousseau, Jean-Jacques 让-雅克·卢梭

Rutherford, Ernst 欧内斯特·卢瑟福

Sauerbruch, Ferdinand 费迪南德·索布鲁赫

Savitch, Paul 保罗·萨维奇

Scheel 谢尔（教师）

Scheidemann, Philipp 菲利普·沙伊德曼

Scherrer, Paul 保罗·谢勒

Schiemann, Elisabeth 伊丽莎白·希曼

Schnitzler, Arthur 亚瑟·施尼茨勒

Schönberg, Arnold 阿诺德·勋伯格

Schrödinger, Anny 安妮·薛定谔

Schubert, Franz 弗朗茨·舒伯特

Schweidler, Egon 埃贡·施魏德勒

Seaborg, Glenn 格伦·西博格

Shakespeare, William 威廉·莎士比亚

Siegbahn, Manne 曼内·西格巴恩

Skovran, Bernhard 伯恩哈德·斯考夫朗

Skovran, Julie 朱莉·斯考夫朗

Soddy, Frederick 弗雷德里克·索迪

Sophokles 索福克勒斯

Sponer, Herta 赫塔·施波纳

Stefan, Josef 约瑟夫·斯特凡

Steindler, Olga 奥尔加·施泰因德勒

Stern, Otto 奥托·施特恩

Stöcker, Helene 海伦娜·斯特克

Straßmann, Fritz 弗里茨·施特拉斯曼

Szarvassi, Arthur 阿瑟·萨瓦西

Szilard, Leo 利奥·西拉德

Truman, Harry 哈里·杜鲁门

Vestergard, Robert 罗伯特·维斯特加德

Wagner 瓦格纳

Wagner, Otto 奥托·瓦格纳

Wagner, Richard 理查德·瓦格纳

Weizsäcker, Carl-Friedrich 卡尔－弗里德里希·魏茨泽克

Westphal, Wilhelm 威廉·韦斯特法尔

Wheeler, John Archibald 约翰·阿奇博尔德·惠勒

Wilhelm II., deutscher Kaiser 威廉二世，德国皇帝

Willstädter, Richard 里夏德·维尔施泰特

Zahn-Harnack, Agnes von 阿格奈什·冯·桑－哈纳克

致谢

感谢英国剑桥的丘吉尔学院档案馆、柏林的马普学会历史档案馆、维也纳的奥地利科学院档案馆以及法兰克福大学马克斯·玻恩图书馆在资料查询过程中的友好支持。同时感谢约斯特·莱默里希（Jost Lemmerich）博士和迪特里希·哈恩（Dietrich Hahn）提供宝贵的提示和背景信息。最后，我们要特别感谢我们的朋友古德伦·布雷沙尔（Magister Gudrun Breschar）女士、莱纳·施托尔（Rainer Stoll）博士和克努特·乌尔班（Knut Urban）教授。

关于两位作者

洛尔·塞克斯尔（Lore Sexl），1939年出生于维也纳，曾在维也纳学习数学、物理学和哲学，并在沃尔特·蒂林（W. Thirring）指导下完成了元素粒子物理学的博士论文。她曾在瑞士日内瓦的瑞士欧洲核子研究中心（European Organization for Nuclear Research，CERN）和美国华盛顿特区的美国国家航空航天局（NASA）等地进行学术交流。并担任过伯尔尼大学、慕尼黑大学、吉森大学、埃尔朗根大学、柏林工业大学、罗马大学、巴黎大学、苏黎世联邦理工学院等的客座讲师。自2008年以来，她担任维也纳工业大学的大学理事会成员。作为奥地利科学院自然科学史、数学史和医学史委员会的成员，洛尔·塞克斯尔主要从事放射性和核物理学的研究，组织演讲和展览，并开发学校项目，在此框架下以跨学科的方式为学生梳理自然科学主题。

安妮·哈迪（Anne Hardy），1965年出生于杜塞尔多夫，主要在美国等地念中小学，大学阶段是在亚琛工业大学学习物理学，并于1991年获得学位。自毕业以来，她一直在法兰克福从事科学记者的工作，曾担任《法兰克福汇报》的"自然与科学"部门自由撰稿人。从1994年到1999年，她参与了德国物理学会（DPG）的新闻工作。除了报道物理学的热门话题外，她还对科学史感兴趣。自2005年9月起，她担任法兰克福大学科学传播主任，重点关注自然科学。

第一部分《维也纳的童年和青年时期》由洛尔·塞克斯尔负责，第二部分《柏林：科学之年》由安妮·哈迪负责，第三部分《流亡和晚年》由两位作者共同撰写。

图片查询：洛尔·塞克斯尔

图片来源

Archiv für Kunst und Geschichte, Berlin: Umschlagvorderseite, Umschlagrückseite unten.

DeutschesMuseum,München: Umschlagrückseite oben, 3, 13, 17, 36, 40, 44, 46/47, 53, 56, 67, 73, 100, 114, 124, 132, 134

Deutsche Presse-Agentur, Hamburg: 7, 18, 32, 78, 81, 97, 109, 119, 126, 128, 133, 140/141

Burda Verlagskoordination,München: 9 (© Alfred Strobel), 10, 87

Der Spiegel, Hamburg: 11, 121

U.S. Space and Rocket Center, Archives, Huntsville / AL: 14

Ullstein Bilderdienst, Berlin: 19, 58/59, 62, 91, 137, 139

The Trusties of the Imperial War Museum, London: 23, 70

©Wolfgang Fleischer, Freital-Wurgwitz: 27

Bundesarchiv/SSO (ehem. Berlin Document Center): 52

National Archives, College Park/MD: 64 (Foto Nr. 111–SC-203416)

Aus: Frederick I. Ordway III undMitchell R. Sharpe: The Rocket Team. London 1979:WilliamHeinemann Ltd.; NewYork 1979: Thos Y Crowll; and Cambridge /MA 1982: MIT Press: 74, 82

Smithsonian Institution, National Air an Space Museum, Washington D.C.: 84/85

S. Fischer Verlag, Frankfurt amMain: 103

PrivatbesitzWerner Büdeler: 116

译后记
谁说站在光里的才算英雄？

2023年秋，当我最终完成本书的翻译工作时，心中忽有所感，嘴里不由得哼唱出一句曾经风靡校园的歌词："谁说站在光里的才算英雄？"

莉泽·迈特纳并不站在光里——毕竟，在20世纪浩若繁星的科学家之中，她的名字不如爱因斯坦、普朗克、海森堡、玻尔那样脍炙人口，她的事迹和科学成就并不为广大社会民众所熟知。即使是同为女科学家，居里夫人的知名度也远大于迈特纳。在与奥托·哈恩长达30年的合作科研中，二者各有所长，密切配合，共同发现了对科学世界产生巨大影响的核裂变现象，进而深刻影响了人类社会此后的历史发展走向。然而，最后却只是哈恩于1946年获得诺贝尔化学奖，而迈特纳与另一位对此做出巨大贡献的化学家斯特拉斯曼则几乎完全被评委们忽视了。

女科学家乃至绝大多数女性并不站在光里——在这本传记中，读者们可以看到，学业、考试、工作、研究等一系列在今天看起来平淡寻常的事情，对19世纪末20世纪初的奥地利女性而言却难如登天。即使是像莉泽·迈特纳这样聪慧好学的青年女性，若不是得到家庭的温暖包容，若不是自己的坚持不懈，根本不可能在科学研究的道路上负重前行。即使是在以论文和成果为考量标准的科学世界，女科学家也一直处于边缘地位，往往受到有意无意的歧视，所以才会发生编辑拒绝发表女教授撰写的文章、同行在开始阅读女性学者的论文之前就对其横加指责的情况。这样的事情虽然是发生在一个世纪以前，但直到今天，在包括学术界在内的各行各业之中，女性想要取得和男性一样的成就和认可，仍然是需要付出更大的努力，不少如莉泽·迈特纳一般优秀的女性，可能也需要像她一样独自面对孤独和漂泊的生活。

推而广之，对一本学术译著而言，第二译者通常也不站在光里，编辑和其他幕后工作人员更是近乎隐身——本书的第二译者贾微是我的德语笔译方向研究生，她承担了大量的翻译及资料查阅、文本编辑等工作。之所以选择她与我合作完成本书的翻译任务，除了对她翻译能力的认可以外，还有个重要原因在于，我认为作为一位女性译者，她应该能够对本书的女性科研工作者产生更多的身份认同和共鸣，最后的成果证明，她理应站在光里。另外，中国科学技术出版社科学技术史编辑部的编辑老师为本书译稿做了大量辛勤的幕后工作，更是多年如一日地一直坚守在向全社会普及科学知识、提升科学素养、传播科学精神的岗位上默默耕耘奉献，他们也理应站在光里，得到更多的支持与喝彩。

谨以以上简短的文字，向不站在光里的英雄们致敬。

廖　峻

2023 年 11 月